Welton Ricardo Santos Sousa

Questões Comentadas de Informática para Concurso Público na Área de Tecnologia da Informação

Questões Comentadas de Informática para Concurso Público na Área de Tecnologia da Informação
Copyright© 2007 Editora Ciência Moderna Ltda.

Todos os direitos para a língua portuguesa reservados pela EDITORA CIÊNCIA MODERNA LTDA.

Nenhuma parte deste livro poderá ser reproduzida, transmitida e gravada, por qualquer meio eletrônico, mecânico, por fotocópia e outros, sem a prévia autorização, por escrito, da Editora.

Várias **Marcas Registradas** podem aparecer no decorrer deste livro. Mais do que simplesmente listar esses nomes e informar quem possui seus direitos de exploração, ou ainda imprimir os logotipos das mesmas, o editor declara estar utilizando tais nomes apenas para fins editoriais, em benefício exclusivo do dono da Marca Registrada, sem intenção de infringir as regras de sua utilização.

Editor: Paulo André P. Marques
Supervisão Editorial: João Luís Fortes
Capa: Fernando Souza
Diagramação: Verônica Paranhos
Copidesque: Eliana Rinaldi

FICHA CATALOGRÁFICA

Sousa, Welton Ricardo Santos

Questões Comentadas de Informática para Concurso Público na Área de Tecnologia da Informação

Rio de Janeiro: Editora Ciência Moderna Ltda., 2007.

Informática; teoria geral

I — Título

ISBN: 978-85-7393-564-6   CDD 001.6

Editora Ciência Moderna Ltda.
Rua Alice Figueiredo, 46
CEP: 20950-150, Riachuelo – Rio de Janeiro – Brasil
Tel: (0xx21) 2201-6662
Fax: (0xx21) 2201-6896
E-mail: lcm@lcm.com.br
www.lcm.com.br

Dedicatória

Agradeço a Deus, presente em todos os momentos, e ao apoio incondicional da minha esposa Rosane e meus queridos filhos João Ricardo e Maria Lúcia.

Agradecimentos

Gostaria de agradecer a André Ávila, analista de sistemas com vasta experiência profissional e sólido conhecimento teórico, e a Ana Waleska, experiente consultora de TI e mestre em Ciência da Computação pela UNICAMP pela revisão técnica e sugestões construtivas. Agradeço, também, ao Paulo, ao João e a toda a equipe da Editora Ciência Moderna, envolvida no produção do livro, pela dedicação e esmero profissional.

Apresentação

A palavra-chave para vencer qualquer desafio na vida é a persistência. A permanente motivação, o constante empenho fazem parte da receita dos grandes vencedores. Para aqueles que almejam ter seu nome na lista de aprovados em qualquer concurso público, faz-se necessário desenvolver esta capacidade inesgotável de não esmorecer diante de resultados adversos e continuar persistindo até alcançar suas metas.

Para que isto seja possível, você deve aprofundar seus conhecimentos teóricos, através da leitura de uma bibliografia confiável e atualizada e, principalmente, exercitar este conhecimento refazendo diversas questões sobre o tema.

É disto que este livro trata. Ele disponibiliza mais de 150 questões de concursos públicos, agrupadas por assunto, com gabaritos oficiais e resoluções comentadas das principais bancas examinadoras (CESGRANRIO, UnB/CESPE, Fundação José Pelúcio Ferreira/UFRJ, Fundação Carlos Chagas, ESAF e NCE/UFRJ), voltadas especificamente para a área de Tecnologia da Informação.

Boa sorte e bom proveito.

Prefácio 1

A era do conhecimento é também a era de profundas alterações nos meios de produção e nas formas de inserção das pessoas no mundo do trabalho. Os conhecimentos, habilidades e atitudes de uma pessoa são as características que determinarão sua melhor ou pior performance no desenvolvimento de atividades. O acesso das pessoas às melhores oportunidades de trabalho nas organizações é, cada vez com mais freqüência, mediado por concursos públicos.

As oportunidades de emprego tradicional, emprego para toda a vida, com plano de carreira, escasseiam, principalmente quando levamos em consideração a quantidade de pessoas preparadas para ocupar os postos existentes.

Os empregos públicos, em órgãos públicos ou em empresas estatais, são, até por força legal, preenchidos através de concurso, mas não apenas os empregos públicos. A quantidade de pessoas em busca de empregos formais em organizações conhecidas e respeitadas representa uma oportunidade para que estas organizações possam escolher pessoas mais preparadas para a função desejada. Assim, as organizações privadas vão também adotando a prática de seleção de pessoal através de concursos públicos.

Agora, mais que nunca, os concursos são desejados pelas organizações, que querem recrutar os melhores colaboradores, e pelas pessoas, que desejam uma oportunidade em boas organizações. Assim, prosperam os concursos e junto com eles o esforço das pessoas para se prepararem, esforço este que esbarra na deficiência, quantitativa e qualitativa, de instrumentos para estudo.

Não é novo este caminho; eu mesmo, em 1967, "entrei" para o setor elétrico brasileiro através de um concurso público promovido pela Companhia Hidroelétrica do São Francisco – CHESF - que envolveu um conjunto muito grande de jovens à época. Naquela oportunidade os candidatos não tinham à sua disposição instrumentos variados e de boa qualidade para se preparar para os concursos.

Este é o alvo do Professor Welton; criar um instrumento que ajude às pessoas a se prepararem para concursos na área de tecnologia da informação. Nobre como propósito, constitui-se melhor ainda como produto.

Questões Comentadas de Informática para Concurso Público na Área de Tecnologia da Informação, preparado pelo Professor Welton Ricardo Santos Sousa se estabelece como um alento para tantos quantos pretendam enfrentar a concorrência estabelecida pelos concursos de acesso a bons empregos.

Trabalho cuidadoso e bastante abrangente, bem próprio das características do Professor Welton. O conheci ainda como aluno do Curso de Graduação da UERJ e desde logo aprendi a respeitá-lo a admirá-lo pela sua tenacidade e inteligência. Acompanhei sua ascensão profissional sempre centrada em conhecimentos, em criatividade e com muito esforço na busca das melhores inserções. Estivemos juntos no desenvolvimento de vários projetos e juntos trabalhamos nas fronteiras da Tecnologia e da Educação, seja ensinando Tecnologia, seja aplicando tecnologia na educação. Nesta área o Professor Welton teve grande destaque, e todas estas experiências foram preparando as condições para a produção desta obra.

O Professor Welton tem relevantes serviços prestados nesta área de informática educativa, seja na definição de instrumentos de apoio, seja mesmo na estruturação de universidades virtuais onde enfrentava o desafio de criar avaliações via rede, atividade que certamente teve influência na qualidade deste trabalho, que agora é colocado à disposição do público.

Questões Comentadas de Informática é parada obrigatória para quem está se preparando para um Concurso, mas não só. É extremamente útil para quem pretender se atualizar, ou mesmo aprender sobre os temas ali tratados, frutos da clareza e oportunidade dos comentários do Professor Welton.

Rio de Janeiro, novembro de 2006.

Antonio Carlos Ritto

Professor da UERJ e da FGV.

Pós-doutorado pela COPPE-UFRJ em 2003, em História da Ciência e das Técnicas.

Doutor em Informática (PUC-RJ, 1994).

Trabalhou em Furnas Centrais Elétricas S.A. de 1979 a 2006, onde integrou o corpo gerencial na área de Gestão Corporativa.

Prefácio 2

Sempre chamou a minha atenção a maneira como o Welton organizava sua rotina.

Eu o conheci nos idos de 2001, quando era consultor na empresa para a qual trabalho.

Quando recebi o honroso convite de prefacear seu primeiro livro, percebi que não tinha sido um engano a percepção que outrora tivera.

Sua organização levou-o a compilar e estruturar esta gama de matérias tão preciosas para aqueles que tentam uma oportunidade de evoluir em suas vidas através de concursos.

No vasto mundo de Tecnologia da Informação (TI) é comum a confusão que alguns conceitos podem gerar devido à rapidez com que surgem no mercado.

Daí a importância da estrutura apresentada neste livro.

Se você é um estudante, tenho certeza que ficará agradecido por receber tamanha ajuda.

Se é um curioso de TI, vai deliciar-se com a quantidade de conhecimento aqui revelada.

E se é um amigo, como eu, vai orgulhar-se de fazer parte do grupo dos que hoje cumprimentam o Welton por mais esta iniciativa.

Boa Leitura !

Ricardo Pereira Águia
Gestor de Tecnologia da Informação e Serviços

Sumário

Capítulo 1 – Análise e Projeto 1

Capítulo 2 – Banco e Modelagem de Dados 25

Capítulo 3 – Engenharia de Software 35

Capítulo 4 – Estrutura de Dados e Lógica 59

Capítulo 5 – Métricas 77

Capítulo 6 – Planejamento e Gestão de Projetos 93

Capítulo 7 – Redes, Comunicação de Dados
               e Internet 119

Capítulo 8 – Sistema Operacional 135

Capítulo 9 – UML 151

Capítulo 1

Análise e Projeto

1. (FCC – Análise de Sistemas – TRT 24ª Região – 2006) Em um DFD não é permitido conectar, por meio de um fluxo de dados:

   a) um depósito de dados dirigido a um processo.

   b) uma entidade externa dirigida a um depósito de dados.

   c) um processo dirigido a outro processo.

   d) uma entidade externa dirigida a um processo.

   e) um processo dirigido a um depósito de dados.

   Solução:

   Em um DFD não é permitido conectar uma *entidade externa* (EE) a um *depósito de dados* (DD), pois uma EE representa um elemento que origina ou recebe os dados do sistema, repousando fora do contexto do sistema. Um elemento (por exemplo: pessoa, outro sistema ou empresa) dentro do contexto do sistema é caracterizado pelos processos que desempenha. As informações somente são colocadas ou retiradas de um DD através de um processo.

   Resposta: b

2. (CESGRANRIO – Análise de Sistemas – Casa da Moeda do Brasil – 2005) Para os diagramas utilizados na Análise Estruturada são feitas as seguintes afirmativas:

I. Em um DFD todos os processos devem ser subdivididos até o mesmo nível de detalhamento.

II. Entre duas entidades de um DER somente pode ser criado um único relacionamento.

III. Os processos de controle de um DFD são utilizados para coordenar e sincronizar as atividades de outros processos.

Está(ão) correta(s) a(s) afirmativa(s):

a) I, apenas.

b) II, apenas.

c) III, apenas.

d) I e II, apenas.

e) I, II e III.

Solução:

- Algumas partes de um sistema podem ser mais complexas que outras e exigem a subdivisão em um número maior de níveis, portanto, os processos identificados em um sistema podem ser subdivididos em níveis de detalhamento diferentes. Logo, a afirmativa I é falsa.

- Em um DER (Diagrama de Entidade-Relacionamento), pode haver mais de um relacionamento entre entidades, tudo depende do contexto em estudo. Logo, a afirmativa II é falsa.

- Um processo de controle pode ser imaginado como um supervisor ou executor cuja tarefa é coordenar as atividades de outros processos; suas entradas e saídas consistem *apenas* em fluxos de controle. Os fluxos de controle que partem do processo de controle são utilizados para despertar outros processos; os que chegam geralmente indicam que um dos processos terminou a execução de alguma tarefa, ou que alguma situação extraordinária surgiu e o processo de controle deve ser informado. Normalmente, existe apenas um processo de controle em um DFD, sendo representado por um contorno tracejado. Logo, a afirmativa III é verdadeira.

Resposta: c

3. (CESGRANRIO – Programação de Computadores – Assembléia Legislativa do Tocantins – 2005) Sobre os diagramas da Análise Estruturada são feitas as seguintes afirmativas:

I. Os poços sem fundo no DFD fazem com que o diagrama fique logicamente inconsistente.

II. Um DTE deve apresentar obrigatoriamente um único estado final, podendo apresentar mais de um estado inicial.

III. Se o DER e o DFD de um sistema estão em equilíbrio, então, os processos de um DFD devem estar representados no DER através de relacionamentos entre as entidades e os terminadores.

Está(ão) correta(s) a(s) afirmativa(s):

a) I, apenas.

b) II, apenas.

c) I e II, apenas.

d) I e III, apenas.

e) I, II e III.

Solução:

• Poços sem fundo são processos que só possuem fluxos de entrada, mas não possuem fluxos de saída. Como não há transformação das informações de entrada em informações de saída, ocorre a inconsistência, uma vez que esta é a característica que define um processo. Logo, a afirmativa I é verdadeira.

• Um diagrama de transição de estados (DTE), que apresenta os estados e os eventos que fazem com que o sistema mude de estado, só pode ter um estado inicial; entretanto, pode ter múltiplos estados finais mutuamente exclusivos, isto é, apenas um deles pode ocorrer durante a execução do sistema. Um DTE também pode ser utilizado para representar a especificação de processo de um *processo de controle* de um DFD. Logo, a afirmativa II é falsa.

• Cada depósito do DFD deve corresponder a um tipo de objeto, ou a um relacionamento, ou à combinação de um tipo de objeto e de um relacionamento do DER. Não existe relacionamento entre entidades, representadas no DER, com terminadores, representados no DFD, pois são diagramas diferentes e os processos do DFD não são representados no DER. Logo, a afirmativa III é falsa.

Resposta: a

4. (CESGRANRIO – Programação de Computadores – Assembléia Legislativa do Tocantins – 2005) Um programador que está atualizando o Dicionário de Dados de um projeto precisa incluir em suas definições um item chamado pedido, que é composto pelo identificador do cliente (ID), pelos produtos que compõem o pedido (IDP), podendo variar de um a no máximo dez produtos, e pela forma de pagamento que pode ser "A vista" ou "No cartão". Sabendo que na definição de pedido todos os itens (ID, IDP e forma de pagamento) são obrigatórios, assinale a opção que pode representar o item pedido.

a) pedido = ID + 1[IDP]10 + ("A vista","No cartão").

b) pedido = [ID] + 1(IDP)10 + ["A vista","No cartão"].

c) pedido = ID + 1{IDP}10 + ["A vista"|"No cartão"].

d) pedido = ID + 10(IDP)1 + ("A vista","No cartão").

e) pedido = [ID] + 10{IDP}1 + ["A vista"|"No cartão"].

Solução:

O conjunto de notações mais utilizadas no dicionário de dados segue abaixo:

Símbolo	Significado
=	é composto de
+	e
n( )m	opcional (pode estar presente ou ausente) n – menor valor possível m – maior valor possível
n{ }m	iteração (ocorrência repetida) n – menor valor possível m – maior valor possível
[ ]	escolher uma das opções alternativas

Capítulo 1 – Análise e Projeto | 5

l	separar opções alternativas na construção [ ]
@	identificador (campo chave) de um depósito

Utilizando a notação correta, temos:

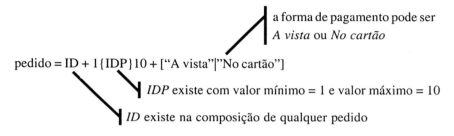

pedido = ID + 1{IDP}10 + ["A vista"|"No cartão"]

- a forma de pagamento pode ser *A vista* ou *No cartão*
- *IDP* existe com valor mínimo = 1 e valor máximo = 10
- *ID* existe na composição de qualquer pedido

Resposta: c

5. (CESGRANRIO – Analista de Sistemas – SEAD/AM – 2005) A notação de iteração é usada no dicionário de dados para indicar a ocorrência repetida de um componente de um elemento de dados. Os caracteres utilizados para representar a iteração no dicionário de dados são:

a) * e *

b) / e /

c) (e)

d) { e }

e) [e]

Solução:

De acordo com a solução da questão 4, a notação de ocorrência repetida é simbolizada por { }.

Resposta: d

6. (FCC – Analista de Sistemas – TRT 3ª Região – 2005) Analise o diagrama abaixo:

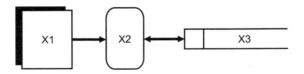

Na análise estruturada, esse é um diagrama:

a) de Fluxo de Dados onde X1, X2 e X3 representam, respectivamente, Entidade Externa, Função ou Processo e Depósito de Dados.

b) Hierárquico de Programa onde X1, X2 e X3 representam, respectivamente, Entidade Principal, Relacionamento e Entidade Fraca ou Dependente.

c) de Fluxo de Dados onde X1, X2 e X3 representam, respectivamente, Função ou Processo, Depósito de Dados e Entidade Externa.

d) Hierárquico de Função onde X1, X2 e X3 representam, respectivamente, Entidade Principal, Depósito de Dados e Entidade Fraca ou Dependente.

e) de Fluxo de Funções onde X1, X2 e X3 representam, respectivamente, Entidade Externa, Relacionamento e Depósito de Dados.

Solução:

- A Análise Estruturada define o *Diagrama de Fluxo de Dados* (DFD), uma especificação em rede de um sistema que mostra os componentes ativos do sistema e as interfaces de dados entre eles e possui uma convenção simbólica constituída de quatro representações gráficas que, juntas, permitem retratar uma abstração da realidade.

- Particularmente, mostra o *que* existe, sem se preocupar em *como* tais coisas são feitas, isto é, não apresenta detalhes da lógica de procedimento do sistema. Nenhuma indicação explícita da seqüência de processamento ou da lógica condicional é fornecida pelo diagrama. Procedimentos podem estar implícitos no diagrama, mas detalhes lógicos explícitos são geralmente adiados até a fase de projeto do software.

- Pode também ser visto como uma técnica gráfica que descreve o fluxo da informação e as transformações que são aplicadas à medida que os dados se movimentam da entrada para a saída.

- Ele pode ser usado para representar um sistema ou software em qualquer nível de abstração. O nível 0 (zero) do DFD, denominado modelo fundamental do sistema, representa o elemento software global como uma única bolha, com dados de entrada indicados por setas que chegam, e a saída indicada por setas que saem.
- Veja, no quadro a seguir, as representações gráficas utilizadas:

Símbolo	Representação	Descrição
○ ou ▭	Função ou Processo	Atividade de transformação que modifica a informação de entrada em uma informação de saída diferente. É alimentado com dados provenientes de um meio externo (via entidade externa), ou pela leitura de dados armazenados em algum depósito de dados (tabelas ou arquivos).
▭ ou ═	Depósito de dados	Evidenciam coleções de dados que o sistema deve manter na memória por um período. Ao final do desenvolvimento do sistema, os depósitos de dados existirão, tipicamente, como arquivos ou banco de dados.
□ ou □	Entidade Externa ou Terminador	Elementos com os quais o sistema comunica-se. São, tipicamente, indivíduos, grupos de pessoas, sistemas externos (manuais ou automatizados) ou organizações externas.
→ ← ↔	Fluxo de dados	São conexões, através das quais fluem pacotes de informações de composição conhecida, onde a ponta da seta indica o sentido do fluxo da informação.

Logo, X1 representa uma entidade externa, X2 representa uma função e X3 representa um depósito de dados.

Resposta: a

7. (ESAF – Tecnologia da Informação – CGU – 2006) Analise as seguintes afirmações relacionadas a desenvolvimento estruturado:

I. Um DFD é composto por dois elementos gráficos. Um representa o fluxo de dados e os processos e o outro, o dicionário de dados.

II. Um diagrama de fluxo de dados - DFD é uma especificação em rede de um sistema e mostra os componentes ativos do sistema e as interfaces de dados entre eles.

III. Um processo pode transformar dados, modificando a informação contida nos dados.

IV. Um dicionário de dados em um DFD é desenhado como um par de linhas paralelas. A identificação do nome do arquivo encontra-se entre as duas linhas.

Indique a opção que contenha todas as afirmações verdadeiras.

a) I e II.

b) II e III.

c) III e IV.

d) I e III.

e) II e IV.

Solução:

- De acordo com a solução da questão 6, as afirmações II e III são verdadeiras, e como o DFD é composto de quatro elementos gráficos – *fluxo de dados, entidade externa, depósito de dados* e *processo*, a afirmação I é falsa.

- O *dicionário de dados* é uma listagem organizada onde cada elemento do DFD é definido de forma precisa, e o *depósito de dados* pode ser desenhado como um par de linhas paralelas cuja identificação encontra-se entre as duas linhas. Portanto, a afirmação IV é falsa.

Resposta: b

8. (ESAF – AFRF/Tecnologia da Informação – SRF – 2005) Analise as seguintes afirmações relacionadas à análise e ao projeto estruturados:

I. Um Diagrama de Fluxo de Dados (DFD) é uma técnica gráfica que descreve o fluxo da informação e as transformações que são aplicadas à medida que os dados se movimentam da entrada para a saída.

II. Um Diagrama de Fluxo de Dados (DFD) pode ser usado para representar um sistema ou software em qualquer nível de abstração. O nível 0 (zero) do DFD, denominado modelo fundamental do sistema, representa o elemento software global como uma única bolha, com dados de entrada indicados por setas que chegam, e a saída indicada por setas que saem.

III. No DFD, um círculo é usado para representar uma entidade externa, isto é, um sistema que produza informação a ser transformada ou receba a informação transformada. Um retângulo representa a transformação a ser aplicada ao dado.

IV. Um Diagrama de Fluxo de Dados (DFD) deve, além do fluxo da informação, descrever detalhadamente a lógica procedimental do sistema.

Indique a opção que contenha todas as afirmações verdadeiras.

a) II e III.

b) II e IV.

c) III e IV

d) I e III

e) I e II.

Solução:

- De acordo com a solução da questão 6, as afirmações I e II são verdadeiras.

- Um *círculo* é usado para representar um processo que modifica a informação de entrada em uma informação de saída cuja composição é diferente da informação de entrada. Um retângulo de bordas retas representa uma entidade externa e um retângulo de bordas arredondadas representa um processo. O DFD não detalha a lógica procedimental do sistema, representa o *que* o sistema deve fazer e não *como* fazer. Portanto, as afirmações III e IV são falsas.

Resposta: e

9. (CESGRANRIO – Analista Programador – MPE/RO – 2005) Em um DFD, o elemento que realiza transformações de dados de entrada em dados de saída é o:

a) depósito de dados

b) estado

c) fluxo de dados

d) processo

e) terminador

Solução:

De acordo com a solução da questão 6, o elemento que realiza transformações de dados de entrada em dados de saída em um DFD é o *processo*.

Resposta: d

10. (CESGRANRIO – Análise de Sistemas – Assembléia Legislativa do Tocantins – 2005) Para os diagramas utilizados na Análise Estruturada são feitas as seguintes afirmativas:

I. Em um DFD o terminador é graficamente representado por um retângulo e representa as entidades externas com as quais o sistema se comunica.

II. Em um dicionário de dados os caracteres { e } são utilizados para representar iteração.

III. Se houver um objeto ou um relacionamento no DER que não apareça no DFD, os dois modelos não estão em equilíbrio.

Está(ão) correta(s) a(s) afirmativa(s):

a) I, apenas.

b) II, apenas.

c) I e II, apenas.

d) I e III, apenas.

e) I, II e III.

Solução:

- De acordo com a solução da questão 6, a afirmativa I está correta.
- De acordo com a solução da questão 4, a afirmativa II está correta.

• Se houver um depósito de dados no DFD que não apareça no DER, ou se houver um tipo de objeto ou um relacionamento no DER que não apareça no DFD, os diagramas não estão em equilíbrio; portanto, a afirmativa III está correta.

Resposta: e

11. (FCC – Analista de Sistemas – TRT 3ª Região – 2005) Em um projeto estruturado de sistemas, com relação aos elementos internos dos módulos e quanto à ligação entre eles (os módulos), deve-se cuidar para a adequada aplicação das regras de funcionalidade e comunicação. Assim, deve-se enfatizar o:

a) mínimo grau de coesão funcional entre os elementos internos e o máximo grau de acoplamento entre os módulos e, de preferência, acoplamento por passagem de controle ao invés de acoplamento por passagem de dados.

b) máximo grau de coesão lógica entre os elementos internos e também o máximo grau de acoplamento entre os módulos e, de preferência, acoplamento por passagem de controle ao invés de acoplamento por passagem de dados.

c) mínimo grau de coesão funcional entre os elementos internos e o máximo grau de acoplamento entre os módulos e, de preferência, acoplamento por passagem de dados ao invés de acoplamento por passagem de controle.

d) máximo grau de coesão temporal entre os elementos internos e também o máximo grau de acoplamento entre os módulos e, de preferência, acoplamento por passagem de controle ao invés de acoplamento por passagem de dados.

e) máximo grau de coesão funcional entre os elementos internos e o mínimo grau de acoplamento entre os módulos e, de preferência, acoplamento por passagem de dados ao invés de acoplamento por passagem de controle.

Solução:

• O *acoplamento* representa o grau de interdependência entre dois módulos, onde o ideal é minimizá-lo, isto é, tornar os módulos tão independentes quanto possível. A tabela, a seguir, mostra a classificação dos tipos de acoplamentos possíveis:

Tipo de acoplamento	Característica	Classificação
De dados	Módulos se comunicam por parâmetros.	Boa ou solta
De imagem	Módulos se referem à mesma estrutura de dados.	↓
De controle	Um módulo passa para o outro um grupo de dados destinados a controlar a lógica interna do outro.	
Comum	Módulos se referem à mesma área de dados.	
De conteúdo	Um módulo faz referência ao interior do outro.	Ruim ou rígida

- A *coesão* é uma medida da força de associação dos elementos dentro de um módulo. Por elemento, entende-se uma instrução, atividades (comandos) de um módulo, um grupo de instruções ou uma chamada para um outro módulo; ou seja, qualquer parte de codificação que executa alguma instrução. Portanto, o ideal são módulos altamente coesos, cujos elementos estejam genuinamente relacionados, facilitando a sua reutilização. A tabela, a seguir, mostra a classificação dos tipos de coesões existentes:

Tipo de coesão	Característica	Classificação
Funcional	Contém elementos que contribuem para a execução de uma, e apenas uma, tarefa relacionada ao problema.	Melhor
Seqüencial	Elementos estão envolvidos em atividades tais que os dados de saída de uma atividade servem como dados de entrada para a próxima.	
Comunicacional	Elementos contribuem para atividades que usem a mesma entrada ou a mesma saída.	
Procedural	Elementos estão envolvidos em atividades diferentes e possivelmente não relacionados, nas quais o controle flui de uma atividade para a outra.	
Temporal	Elementos envolvidos em atividades que estão relacionadas no tempo.	
Lógica	Elementos contribuem para atividades da mesma categoria geral, onde a atividade ou atividades a serem executadas são selecionadas fora do módulo.	
Coincidental	Elementos contribuem para atividades sem relação significativa entre si.	Pior

Resposta: e

12. (CESGRANRIO – A. Sist. Junior: Desenvolvimento de Soluções – Petrobras – 2005) Em um dicionário de dados, o item de dados "remessa" é composto pelo número da remessa (num_remessa), pela forma de transporte (pode ser carro ou caminhão), pelo endereço do cliente (endereço), pelo complemento do endereço (complemento) e por, no mínimo, 1 e, no máximo, 15 produtos (produto) a serem entregues. O complemento do endereço é opcional e as demais informações são obrigatórias na definição do item remessa. A partir destas informações, assinale a opção que apresenta a definição do item de dados "remessa" no dicionário de dados.

a) remessa = num_remessa + [carro | caminhão] + endereço + (complemento) + 1{produto}15

b) remessa = num_remessa + carro / caminhão + endereço + <u>complemento</u> + 1[produto]15

c) remessa = num_remessa + {carro | caminhão} + endereço + <u>complemento</u> + 1[produto]15

d) remessa = <u>num_remessa</u> + {carro + caminhão} + <u>endereço</u> + (complemento) + 15[produto]

e) remessa = (num_remessa) + [carro + caminhão] + (endereço) + complemento + 15{produto}

Solução:

De acordo com a solução da questão 4, temos:

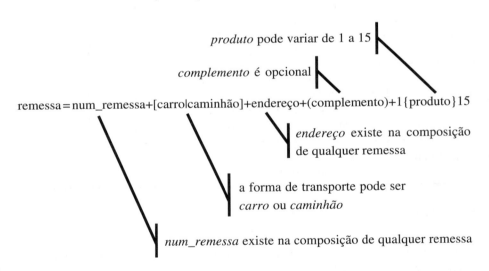

Resposta: a

13. (CESGRANRIO – A. Sist. Junior: Desenvolvimento de Soluções – Petrobrás – 2005) Sobre a Análise Estruturada são feitas as afirmativas a seguir.

I. Uma condição necessária para que um DFD esteja em equilíbrio com um DER é que cada depósito do DFD deve corresponder a um tipo de objeto ou a um relacionamento ou à combinação de um tipo de objeto e de um relacionamento do DER.

II. A especificação de processos de um DFD pode ser feita através de tabelas de decisão, linguagem estruturada, condições pré-pós, fluxogramas e diagramas de Nassi-Shneiderman.

III. O DTE representa o comportamento de um sistema, descrevendo seus estados e os eventos que fazem com que o sistema mude de estado, devendo apresentar um único estado inicial e um único estado final.

Está(ão) correta(s) a(s) afirmativa(s):

a) I, apenas.

b) II, apenas.

c) III, apenas.

d) I e II, apenas.

e) I, II e III.

Solução:

• Para que ocorra o equilíbrio entre o DFD e o DER, devem existir as seguintes condições:

a) Cada depósito do DFD deve corresponder a um tipo de objeto ou a um relacionamento, ou à combinação de um tipo de objeto e de um relacionamento do DER.

b) Os nomes de objetos do DER e os de depósitos de dados no DFD devem coincidir.

c) Os itens do dicionário de dados devem aplicar-se tanto ao modelo do DFD como ao do DER.

Logo a afirmativa I é verdadeira.

- A especificação de processos de um DFD pode ser feita através de:

a) Tabelas de decisão – utilizada quando a linguagem estruturada ou as condições pré-pós não são adequadas e o processo produz alguma saída ou executa ações com base em decisões complexas.

b) Linguagem estruturada ou *português estruturado* – subconjunto da linguagem natural com algumas restrições quanto aos tipos de sentenças que podem ser utilizadas e à maneira como essas sentenças podem ser reunidas.

c) Condições pré-pós – modo de descrição de uma função a ser executada em um processo, sem que seja necessário se estender muito sobre o algoritmo ou sobre o procedimento a ser empregado.

d) Fluxogramas – utilizado para descrever graficamente a lógica detalhada dos processos, onde o analista deve restringir-se a incluir símbolos equivalentes às construções da linguagem estruturada.

e) Diagramas de Nassi-Shneiderman – técnica de fluxogramação estruturada, onde se apresenta gráficos mais organizados, estruturados e mais abrangentes que os fluxogramas comuns.

Logo a afirmativa II é verdadeira.

- De acordo com a solução da questão 3, o DTE pode ter múltiplos estados finais, mutuamente exclusivos; logo, a afirmativa III é falsa.

Resposta: d

14. (CESGRANRIO – Analista Programador – MPE/RO – 2005) Sobre os DTEs que enfatizam o comportamento tempo-dependente do sistema, são feitas as afirmativas:

I. Os DTEs podem apresentar múltiplos estados finais.

II. Os DTEs podem ser utilizados para representar a especificação de processo de um processo de controle de um DFD.

III. Em um DTE são apresentadas as condições que causam uma mudança de estado e as ações que o sistema empreende quando muda de estado.

Está(ão) correta(s) a(s) afirmativa(s):

a) I, apenas.

b) I e II, apenas.

c) I e III, apenas.

d) II e III, apenas.

e) I, II e III.

Solução:

De acordo com a solução da questão 3, todas as afirmativas estão corretas.

Resposta: e

15. (CESGRANRIO – Analista de Sistemas – SEMSA – 2005) Um Diagrama de Contexto realça diversas características importantes do sistema. Pode-se afirmar que este diagrama NÃO apresenta os:

    a) dados produzidos pelo sistema e enviados para o mundo exterior.

    b) dados que o sistema recebe do mundo exterior e que devem ser processados.

    c) depósitos de dados que são compartilhados pelo sistema e os terminadores.

    d) fluxos de comunicação existentes entre os terminadores.

    e) sistemas ou pessoas com os quais o sistema se comunica.

Solução:

O *Diagrama de Contexto* é um caso especial do DFD, no qual uma única bolha representa o sistema inteiro. Este diagrama realça diversas características importantes do sistema, a saber:

   a) as pessoas, organizações ou sistemas com os quais o sistema comunica-se. Esses elementos são conhecidos como *terminadores*.

   b) Os dados que o sistema recebe do mundo exterior e que devem ser processados de alguma maneira.

   c) Os dados produzidos pelo sistema e enviados para o mundo exterior.

d) Os depósitos de dados que são compartilhados pelo sistema e os terminadores. Esses depósitos de dados ou são criados na parte externa do sistema e usados pelo sistema ou são criados pelo sistema e usados externamente ao sistema.

e) Os limites entre o sistema e o resto do mundo.

f) Fluxos de comunicação entre terminadores não são apresentados no diagrama de contexto, uma vez que a troca de informações entre os terminadores não faz parte do contexto do sistema.

Resposta: d

16. (FCC – Informática – TRT 13ª Região – 2005) Em um DFD, os processos funcionais primitivos normalmente devem ser detalhados utilizando-se a ferramenta:

a) diagrama de transição de estado.

b) diagrama hierárquico de funções.

c) diagrama de entidades e relacionamentos.

d) português estruturado.

e) diagrama de fluxo de dados.

Solução:

- Um *diagrama de transição de estado* apresenta as condições que causam uma mudança de estado e as ações que o sistema empreende quando muda de estado.

- O *diagrama hierárquico de funções* mostra o conjunto de níveis de detalhamento das funções identificadas em um DFD.

- O DER (Diagrama de Entidade-Relacionamento) descreve a diagramação dos dados armazenados de um sistema em um alto nível de abstração.

- O *diagrama de fluxo de dados* descreve um sistema como uma rede de processos funcionais, interligados por *dutos* e *tanques de armazenamento* de dados.

- Os processos funcionais primitivos são detalhados com o *português estruturado*. Para mais alternativas de detalhamento, veja a solução da questão 13.

Resposta: d

17. (FJPF/UFRJ – Análise de Sistemas – CONAB – 2006) Em relação à modelagem comportamental, das opções abaixo, aquela que só possui ferramentas dessa modelagem é:

a) diagrama de contexto, diagrama de transição de estados, dicionário de dados e diagrama de fluxo de dados.

b) diagrama de transição de estados, dicionário de dados, especificação de processos e diagrama de contexto.

c) dicionário de dados, diagrama de fluxo de dados, especificação de processos e diagrama de contexto.

d) especificação de processos, diagrama de contexto, diagrama de transição de estados e diagrama de fluxo de dados.

e) diagrama de fluxo de dados, especificação de processos, diagrama de transição de estados e dicionário de dados.

Solução:

O modelo essencial de um sistema indica o *que* o sistema deve fazer para satisfazer os requisitos do usuário, mencionando o mínimo possível (de preferência *nada*) sobre *como* o sistema será implementado. O modelo essencial é composto por dois elementos:

a) Modelo ambiental

Define a *fronteira* entre o sistema e o resto do mundo e é composto pelo diagrama de contexto, lista de eventos e uma pequena descrição do propósito do sistema.

b) Modelo comportamental

Define o *comportamento*, do interior do sistema, necessário para interagir com sucesso com o ambiente e é composto pelo diagrama de fluxo de dados, diagrama de entidade-relacionamento, diagrama de transição de estados, dicionário de dados e especificações de processos.

Resposta: e

18. (ESAF – TRF/Tecnologia da Informação – SRF – 2006) Considerando as técnicas e ferramentas utilizadas para a análise estruturada e projetos estruturados, um diagrama de fluxo de dados (DFD):

a) é um tipo de diagrama de interação entre objetos que enfatiza mais a seqüência temporal que os relacionamentos estáticos do objeto.

b) representa, em conjunto, os relacionamentos estáticos de objetos e as mensagens dinâmicas entre estes. Os objetos são representados por círculos e sua descrição é feita no dicionário de dados.

c) é uma técnica gráfica utilizada na modelagem de dados para representar as entidades, seus relacionamentos e as transformações aplicadas aos dados à medida que estes se movimentam da entrada para a saída de um sistema.

d) é uma técnica gráfica que descreve o fluxo dos dados independentemente do processo que os transformam.

e) é uma técnica gráfica que descreve o fluxo da informação e as transformações que são aplicadas à medida que os dados se movimentam da entrada para a saída de um sistema.

Solução:

De acordo com a solução da questão 6, o DFD corresponde a descrição da opção *e*.

Resposta: e

19. (NCE/UFRJ – Analista de Sistemas – SADM/MT – 2006) A expressão a seguir mostra a entrada de uma definição num dicionário de dados:

E = 1{X}10 + 1{[Y|Z]} 2 + (W)

Uma instância correta para esta definição é:

a) XXXYW

b) XYZW

c) XXYZYW

d) YZYZYZW

e) XYZWW

Solução:

De acordo com a solução da questão 4, temos:

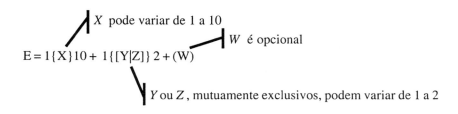

Logo, a instância correta é: XXXYW.

Resposta: a

20. (CESGRANRIO – Análise de Sistemas – DECEA – 2006) Em relação a projeto estruturado de sistemas, os níveis de coesão, ordenados do melhor para o pior, são:

a) comunicacional, funcional, seqüencial, procedural, lógica, temporal, coincidental.

b) seqüencial, procedural, coincidental, lógica, funcional, temporal, comunicacional.

c) lógica, seqüencial, funcional, comunicacional, temporal, coincidental, procedural.

d) coincidental, lógica, comunicacional, seqüencial, procedural, temporal, funcional.

e) funcional, seqüencial, comunicacional, procedural, temporal, lógica, coincidental.

Solução:

De acordo com a solução da questão 11, os níveis de coesão ordenados de melhor para pior são: funcional, seqüencial, comunicacional, procedural, temporal, lógica e coincidental.

Resposta: e

21. (NCE/UFRJ – Analista de Sistemas – ELETRONORTE – 2006) Considere os seguintes elementos de modelos de Sistemas de Informação:

I. Depósitos de dados

II. Fluxos de dados

III. Relacionamentos

Os elementos que são utilizados nos Diagramas de Fluxos de Dados são:

a) apenas o I.

b) apenas o II.

c) apenas o III.

d) apenas I e II.

e) I, II e III.

Solução:

• De acordo com a solução da questão 6, o depósito de dados e os fluxos de dados pertencem ao diagrama de fluxo de dados. Portanto, os itens I e II são verdadeiros.

• Os relacionamentos pertencem ao diagrama de entidade-relacionamento (DER). Portanto, o item III é falso.

Resposta: d

22. (CESGRANRIO – Nível Superior: Informática – PROMINP/Petrobras– 2006) Na Análise Essencial de Sistemas, é componente do modelo comportamental o(a):

a) Dicionário de dados.

b) Diagrama de contexto.

c) Lista de eventos.

d) Declaração de objetivos.

e) Arquitetura de hardware.

Solução:

- De acordo com a solução da questão 17, o *dicionário de dados* faz parte do modelo *comportamental*. O diagrama de contexto, a lista de eventos e a declaração de objetivos fazem parte do modelo *ambiental*.

- O documento de arquitetura de hardware não faz parte do modelo essencial.

Resposta: a

Capítulo 2

Banco e Modelagem de Dados

23. (NCE/UFRJ – Analista de Tecnologia da Informação – SEF/AM – 2005) No modelo ER, o conceito de *entidade fraca* aplica-se a entidades que:

a) são opcionais.

b) não podem existir separadamente de outras entidades.

c) não possuem chaves primárias.

d) não podem participar de auto-relacionamentos.

e) não podem participar de relacionamentos N:M.

Solução:

Uma *entidade fraca* é caracterizada por não possuir atributos chaves próprios e por depender da existência de outra entidade, isto é, necessita estar associada a uma entidade *forte*, por meio de um relacionamento, para poder existir.

Resposta: b

24. (FCC – Analista de Tecnologia da Informação – Universidade Federal do Tocantins – 2005) Na modelagem de dados, em modelos relacionais, um dos processos pelo qual passam as estruturas de dados é a normalização. Nesse sentido, *eliminar a ocorrência de elementos repetitivos* é uma característica da:

a) 1ª forma normal.

b) 2ª forma normal.

c) 3ª forma normal.

d) 4ª forma normal.

e) 5ª forma normal.

Solução:

A *normalização* é o processo formal passo a passo, que examina os atributos de uma entidade com o objetivo de evitar anomalias observadas na inclusão, exclusão e alteração de linhas (*tuplas*) exclusivas de uma tabela relacional. O processo de normalização aplica uma série de regras sobre as tabelas de um banco de dados, para verificar se essas tabelas estão corretamente projetadas. Na prática, utiliza-se normalmente o conjunto das três primeiras formas normais. O quadro seguinte apresenta as regras de normalização:

Forma normal (FN)	Características
1ª FN	Uma tabela está na primeira forma normal (1FN) se, e somente se, todos os domínios básicos não contiverem grupos repetitivos; isto é, os atributos da tabela contêm apenas valores atômicos.
2ª FN	Uma tabela está na segunda forma normal (2FN) quando está na 1FN e seus atributos dependem funcionalmente da totalidade da chave ou atributo determinante.
3ª FN	Uma tabela está na terceira forma normal (3FN) quando está na 2FN e não há dependência funcional transitiva entre seus atributos; ou seja, cada atributo deve ser funcionalmente dependente apenas dos atributos componentes da chave primária e todos os seus atributos "não-chave" devem ser independentes entre si.
Boyce_Codd	Uma tabela está na forma normal de Boyce_Codd quando todo determinante existente na tabela é chave candidata.

4ª FN	Uma tabela está na quarta forma normal se está na 3FN e não apresenta mais de um fato multivalor em relação a uma entidade descrita na tabela.
5ª FN	Uma tabela está na quinta forma normal se está na 4FN e seu conteúdo não pode ser reconstruído a partir de tabelas menores.

Portanto, eliminar a ocorrência de elementos repetitivos é uma característica da 1FN.

Resposta: a

25. (FCC – Análise de Sistemas – TRT 24ª Região – 2006) No diagrama entidade-relacionamento abaixo, CONSULTA tem o papel de:

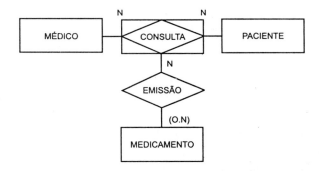

a) relacionamento genérico.

b) entidade de generalização.

c) entidade fraca.

d) relacionamento de especialização.

e) entidade associativa.

Solução:

Um relacionamento é uma associação entre entidades. Na modelagem entidade-relacionamento não foi prevista a possibilidade de associar uma entidade com um relacionamento ou então de associar dois relacionamentos entre si. Entretanto, podem surgir situações em que seja desejável permitir a associação de uma entidade a um relacionamento. Quando tal situação ocorre, utiliza-se o conceito especial de *entidade associativa*. Uma entidade associativa nada mais é que uma *redefinição de um relacionamento*, que passa a ser tratado como se fosse também uma entidade. Graficamente, é representada por um retângulo desenhado ao redor de um relacionamento ◁▷. Uma vez representada, é possível associar a entidade associativa, através de relacionamentos, a outras entidades.

Resposta: e

26. (CESGRANRIO – Análise de Sistemas – DECEA – 2006) Suponha que todos os atributos de uma relação R contenham apenas valores atômicos. É possível afirmar, com certeza e mais especificamente, que R está na forma normal:

a) 5FN

b) 4FN

c) 3FN

d) 2FN

e) 1FN

Solução:

De acordo com a solução da questão 24, a primeira forma normal (1FN) já atende a esta especificação.

Resposta: e

27. (ESAF – AFRF/Tecnologia da Informação – SRF – 2005) Analise as seguintes afirmações relacionadas a modelagem de dados e a projeto de banco de dados para ambiente relacional:

I. Normalização é o processo formal passo a passo, que examina os atributos de uma entidade com o objetivo de evitar anomalias observadas na inclusão, exclusão e alteração de tuplas exclusivas.

II. Uma das condições para uma relação R estar na 3FN (terceira forma normal) é que todos os seus atributos "não-chave" devem ser dependentes não transitivos da chave primária, isto é, cada atributo deve ser funcionalmente dependente apenas dos atributos componentes da chave primária e todos os seus atributos "não-chave" devem ser independentes entre si.

III. Uma relação R está na 2FN (segunda forma normal) se e somente se ela não atender à 1FN (primeira forma normal) e todos os atributos "não-chave" forem totalmente dependentes da chave primária.

IV. Uma relação R está na 1FN (primeira forma normal) se e somente se todos os domínios básicos contiverem grupos repetitivos.

Indique a opção que contenha todas as afirmações verdadeiras.

a) I e III.

b) II e III.

c) III e IV.

d) I e II.

e) II e IV.

Solução:

De acordo com a solução da questão 24, as definições sobre a *1FN* e a *2FN* estão incorretas, e a definição sobre *normalização* e a *3FN* estão corretas. Portanto, as afirmações I e II são verdadeiras e as afirmações III e IV são falsas.

Resposta: d

28. (NCE/UFRJ – Analista de TI Júnior – TGB – 2006) O levantamento das dependências funcionais existentes entre os atributos de um banco de dados relacional é importante na fase de normalização do esquema. Entretanto, a forma normal que independe desse levantamento é a:

a) primeira

b) segunda

c) terceira

d) Boyce-Codd

e) quarta

Solução:

De acordo com a solução da questão 24, uma tabela está na primeira forma normal (1FN) se e somente se todos os domínios básicos *não* contiverem grupos repetitivos. O conceito de *dependência funcional* é utilizado da segunda forma normal (2FN) em diante.

Resposta: a

29. (UnB/CESPE – Desenvolvimento – TJPA – 2006) A figura a seguir ilustra um diagrama entidade-relacionamento (DER), que é o resultado de um modelo entidade-relacionamento (MER).

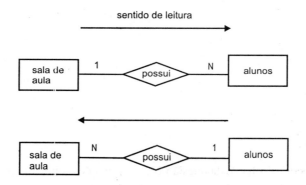

Considerando o modelo de dados conceitual mencionado no texto, assinale a opção correta.

a) No diagrama mostrado, existe uma entidade: sala de aula; e um relacionamento: possui.

b) Considerando que o grau de um relacionamento é definido pela interpretação da cardinalidade dos dois sentidos, é correto afirmar que a cardinalidade representada no DER é (N:N) ou muitos-para-muitos.

c) Os relacionamentos do DER ilustrado podem ser categorizados como ternários.

d) A cardinalidade representada no DER é (1:N) ou um-para-muitos, pois um elemento da entidade 1 relaciona-se com muitos elementos da unidade 2.

Capítulo 2 – Banco e Modelagem de Dados | 31

Solução:

- O diagrama apresenta *duas* entidades, identificadas cada uma por um retângulo (*sala de aula* e *alunos*) e por *um* relacionamento, representado por um losango (*possui*). Logo, a opção *a* é falsa.

- O *grau* de um relacionamento indica o número de entidades que participam de uma mesma associação. Um relacionamento de grau três (*ternário*) indica que três entidades estão associadas a um mesmo relacionamento. Na questão, temos um relacionamento de grau 2, onde as entidades *sala de aula* e *alunos* estão associadas ao relacionamento *possui*. Logo, a opção *c* é falsa.

- O diagrama da questão também pode ser apresentado da seguinte forma:

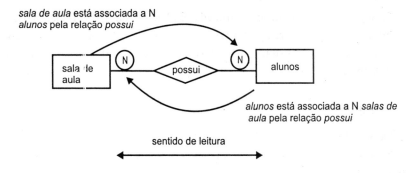

Portanto, a cardinalidade representada no DER é (N:N) ou muitos-para-muitos. Logo, a opção *d* é falsa e a opção *b* é verdadeira.

Resposta: b

30. (UnB/CESPE – Análise de Sistemas – MPE/TO – 2006) De forma simplificada, uma base de dados é uma coleção organizada de dados, geralmente controlada por um sistema gerenciador de banco de dados (SGBD). Acerca dos diversos conceitos relacionados a essa área da computação, julgue os itens a seguir.

1. A álgebra relacional é um tipo de cálculo que envolve conjuntos e relações. Entre as operações utilizadas na álgebra relacional, incluem-se as operações de seleção, produto cartesiano e união, as quais produzem uma nova relação como resultado.

Por outro lado, não são consideradas como operações, no âmbito da álgebra relacional, a projeção e a diferença entre conjuntos.

Solução:

A *álgebra relacional* é uma linguagem de consulta *procedural*. Ela consiste em um conjunto de operações que usam uma ou duas relações como entrada e produzem uma nova relação como resultado. As operações fundamentais na álgebra relacional são *selecionar, projetar, produto cartesiano, renomear, união* e *diferença de conjuntos*. Além das operações fundamentais, existem outras operações; a saber: *interseção de conjuntos, junção natural, divisão* e *atribuição*. Portanto, o item está errado.

Resposta: errado

2. Segundo a normalização utilizada em bancos de dados relacionais, para uma relação estar em terceira forma normal (3FN), não deve existir dependência funcional entre os atributos não-chave, ou seja, os atributos não-chave devem ser independentes entre si.

Solução:

De acordo com a solução da questão 24, uma relação está na terceira forma normal (3FN) se não existir dependência funcional entre os atributos não-chave. Portanto, o item está correto.

Resposta: certo

31. CESGRANRIO – A. Sist. Júnior: Suporte de Infra-Estrutura – Petrobras – 2005) Considere o DER (Diagrama de Entidades-Relacionamento) para responder a questão a seguir.

Capítulo 2 – Banco e Modelagem de Dados | 33

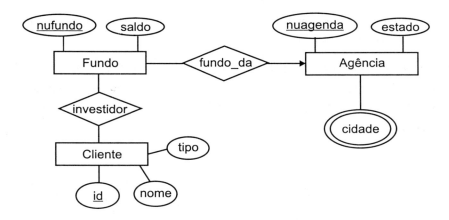

Quantas entidades acima são fortes e quantos atributos derivados pertencem a entidades fortes?

a) 2 e 0

b) 2 e 1

c) 3 e 0

d) 3 e 3

e) 3 e 5

Solução:

• Uma entidade *forte*, caracterizada por não necessitar se associar a outras entidades para poder existir e possuir seus próprios atributos-chave, é representada por um retângulo simples.

• Um atributo *derivado* é representado por uma elipse tracejada, e é caracterizado pelo seu valor ser determinado por outro atributo. Por exemplo, o atributo *data-de-nascimento* pode determinar o atributo *idade*, em uma determinada modelagem. Neste caso, o atributo *idade* é um atributo derivado e o atributo *data-de-nascimento* é chamado atributo armazenado.

• Um atributo *multivalorado* é representado por uma elipse dupla e é caracterizado por possuir um conjunto de valores para uma determinada entidade.

Por exemplo, o atributo Cor de um tênis pode ter entre um a três valores, considerando que um tênis possa ter, no máximo, três cores.

- Um atributo-chave é representado por uma elipse cheia ⬭ com o atributo sublinhado descrito dentro da elipse. Na figura, temos os seguintes atributos-chave: *nufundo*, *nuagencia* e *id*, respectivamente das entidades: *Fundo*, *Agência* e *Cliente*.

- Portanto, na figura temos:

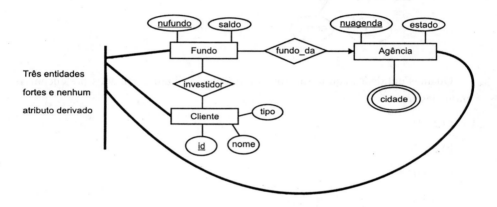

Resposta: c

Capítulo 3

Engenharia de Software

32. (NCE/UFRJ – Analista de Sistemas - Eletrobrás – 2005) Considere as seguintes afirmativas sobre modelos de ciclo de vida de desenvolvimento de sistemas:

I. No modelo incremental, a implementação do sistema é feita antes de sua especificação.

II. No modelo em cascata, cada fase inicia somente quando sua predecessora termina.

III. O modelo em espiral requer que a especificação do sistema seja feita somente uma vez.

A(s) afirmativa(s) correta(s) é/são somente:

a) I.

b) II.

c) III.

d) I e II.

e) II e III.

Solução:

• O modelo *incremental* produz incrementos sucessivos e refinados do software, utilizando o modelo em cascata combinado com a prototipagem, até que o produto completo seja produzido e entregue para o usuário. Neste modelo ocorrem várias seqüências lineares de desenvolvimento escalonadas em um determinado período de tempo, com algumas seqüências tendo atividades simultâneas a atividades das outras seqüências. Desta forma, a especificação é feita antes da implementação de forma recorrente até a aprovação final do usuário (veja a figura a seguir). Portanto, a afirmativa I é falsa.

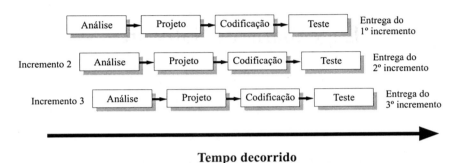

Tempo decorrido

- O modelo *em cascata*, também denominado *clássico* ou *seqüencial linear*, sugere uma abordagem sistemática seqüencial para o desenvolvimento de software, que passa pela modelagem e engenharia de sistemas/da informação, análise, projeto, codificação, teste até a manutenção do sistema (veja a figura a seguir). Portanto, a afirmativa II é verdadeira.

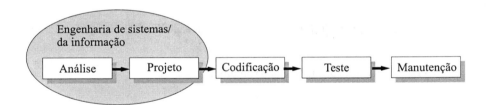

- O modelo *em espiral* prega uma ordem cíclica na execução do ciclo de vida. Ele está dividido em um conjunto de quatro atividades que são executadas, no sentido horário, de forma recorrente até que o produto esteja adequado às necessidades do usuário. Cada vez que um ciclo é executado, com as quatro atividades, é dado um número (iniciado em 0), indicando que o produto foi avaliado pelo cliente e recomeçará uma nova fase de planejamento, análise de riscos, engenharia e avaliação. Este método possui uma concepção mais atual do que o modelo em cascata e mais adequado à realidade de projetos de software. Uma das suas características é a realização de ajustes no plano do projeto a cada ciclo de evolução do desenvolvimento. Veja a figura a seguir:

Capítulo 3 – Engenharia de Software | 37

Planejamento

Tarefas necessárias para definir recursos, prazos e outras informações relacionadas ao projeto.

Análise de riscos

Tarefas necessárias para avaliar os riscos, tantos técnicos quanto gerenciais.

Avaliação feita pelo cliente

Tarefas necessárias para obter realimentação do cliente, com base na avaliação das representações do software criadas durante o estágio de engenharia e posteriormente implementadas.

Engenharia

Tarefas necessárias para concluir uma ou mais representações da aplicação, p. ex.: levantamento de requisitos, análise, projeto e programação.

Portanto, a afirmativa III é falsa.

Resposta: b

33. (NCE/UFRJ – Analista de Sistemas – Ministério da Integração Nacional – 2005) Considere as seguintes afirmativas sobre o Teste de Aceitação (TA) de um Sistema de Informação (SI):

    I. O TA é conduzido de forma que o cliente possa validar todos os requisitos do SI.

    II. O teste alfa é realizado pelo cliente no ambiente do desenvolvedor.

    III. O teste beta é realizado pelo cliente no ambiente do cliente.

    A(s) afirmativa(s) correta(s) é/são somente:

    a) I.

    b) II.

    c) III.

    d) I e II.

    e) I, II e III.

Solução:

- Quando um software sob encomenda é construído para um cliente, uma série de *testes de aceitação* são conduzidos para permitir ao cliente validar todos os requisitos, variando desde testes simples até uma série de testes planejados e sistematicamente executados. Portanto a afirmativa I é verdadeira.

- O *teste alfa* é conduzido pelo cliente na instalação do desenvolvedor, em um ambiente controlado. O desenvolvedor *monitora* as ações do cliente e registra os erros e problemas de uso. Portanto, a afirmativa II é verdadeira.

- O teste *beta* é conduzido pelo cliente nas instalações do usuário final do software, onde, normalmente, o desenvolvedor não está presente. Conseqüentemente, o teste beta é uma aplicação *ao vivo* do software num ambiente não controlado pelo desenvolvedor. Portanto, a afirmativa III é verdadeira.

Resposta: e

34. (NCE/UFRJ – Analista de Sistemas – BNDES – 2005) Considere as seguintes assertivas sobre o teste de sistema:

I. Teste de regressão é a execução de um conjunto de testes ainda não executados previamente.

II. A validação do software é atingida por um conjunto de testes caixa branca que demonstram a conformidade com os requisitos do sistema.

III. O tempo médio de reparo (MTTR) é uma métrica utilizada para avaliar a conformidade do sistema nos testes de recuperação de falhas.

As assertivas corretas são:

a) somente I.

b) somente II.

c) somente III.

d) somente I e II.

e) I, II e III.

Solução:

• O *teste de regressão* é a reexecução de algum subconjunto de teste, que já foi conduzido previamente, para garantir que modificações recentemente implementadas não propaguem efeitos colaterais indesejáveis. Portanto, a assertiva I é falsa.

• Pode-se testar um software utilizando, dentre outras, duas alternativas diferentes:

a) visualização da *lógica interna* dos programas utilizando técnicas da *caixa branca*.

b) visualização dos *requisitos de software* utilizando técnicas de *caixa preta*.

Portanto, a assertiva II é falsa.

• O *teste de recuperação* é um teste de sistema que força o software a falhar de diversos modos e verifica se a recuperação é adequadamente realizada. Se a recuperação requerer intervenção humana, o tempo médio para reparo (*mean-time-to-repair*, MTTR) é avaliado para determinar se está dentro de limites aceitáveis. Portanto, a assertiva III está correta.

Resposta: c

35. (NCE/UFRJ – Informática – DERTES – 2005) Considere os seguintes atributos do modelo de ciclo de vida de um sistema de informação (SI):

I. O SI é entregue em vários passos.

II. Cada passo entrega uma versão do SI que é completamente operacional.

III. O primeiro passo entrega o núcleo básico do SI.

O modelo de ciclo de vida que atende a todas estas características é chamado de:

a) cascata

b) incremental

c) prototipação

d) espiral

e) espiral "win-win"

Solução:

- O ciclo de vida *clássico* é um paradigma que utiliza um método em que o resultado de uma fase se constitui na entrada de outra em ordem linear. Por sua característica seqüencial, este método *não* permite uma fácil modificação dos requisitos durante o desenvolvimento.

- O modelo de *prototipação*, graças à possibilidade de realização rápida de um protótipo, permite esclarecer dúvidas acerca dos requisitos dos usuários. Uma variação da prototipação é denominada *prototipagem evolucionária*, onde um protótipo do *software* é inicialmente construído e refinado sucessivamente até que se torne o produto final a ser entregue.

- O modelo *espiral* é um modelo de processo de *software* evolucionário que combina a natureza interativa de prototipagem com os aspectos controlados do modelo seqüencial linear, adicionando-se a atividade *análise de risco*.

- O paradigma *espiral "win-win" (ganha-ganha)* define um conjunto de atividades de negociação no começo de cada etapa, em torno do modelo espiral de forma que as negociações produzam um resultado *ganha-ganha*, isto é, o cliente obtenha um produto ou sistema que satisfaça à maior parte das suas necessidades e o desenvolvedor trabalhe com orçamentos e prazos de entrega realísticos e passíveis de serem cumpridos.

- Os atributos descritos na questão aplicam-se ao modelo *incremental*.

Resposta: b

36. (UnB/CESPE – Análise de Sistemas – TRE/PA – 2005) As ferramentas CASE podem ser classificadas por função, por seu papel como instrumentos para gerentes ou pessoal técnico, por seu uso nos vários passos do processo de engenharia de *software*, pela arquitetura do ambiente que as apóia, ou por sua origem ou custo. Conforme conceitos dos diversos tipos de ferramenta CASE, julgue os itens a seguir.

I. O objetivo das ferramentas de rastreamento de requisitos é fornecer uma abordagem sistemática para o isolamento de requisitos.

II. As ferramentas de análise de riscos envolvem duas áreas principais: estimativa de custo e esforço de projetos de *software*; e realização de cronogramas de projetos.

III. As ferramentas orientadas à gestão captam as métricas específicas de projeto, como defeitos por função pontual, que dão uma indicação global da produtividade ou da qualidade.

IV. As ferramentas de simulação são um conjunto de componentes de *software* e classes como *menus*, botões, estruturas de janelas e ícones.

V. As ferramentas de garantia de qualidade são ferramentas de métricas que fazem a auditoria do código fonte para assegurar o atendimento da sintaxe e da semântica da linguagem de programação.

Estão certos apenas os itens

a) I e II.

b) I e III.

c) II e IV.

d) III e V.

e) IV e V.

Solução:

• As ferramentas de *análise de riscos* identificam riscos em potencial e desenvolvem um plano para amenizá-los, monitorá-los e geri-los. As ferramentas de análise de riscos permitem ao gerente de projeto construir uma tabela de riscos, fornecendo diretrizes detalhadas na identificação e análise de riscos. Portanto, o item II é falso.

• As ferramentas de *projeto e desenvolvimento de interfaces* são um conjunto de componentes de *software* e classes como *menus*, botões, estruturas de janelas e ícones. Portanto, o item IV é falso.

• As ferramentas de *garantia de qualidade* são ferramentas de métricas que fazem a auditoria do código-fonte para assegurar o atendimento das normas de linguagem, e algumas extraem métricas técnicas num esforço de projetar a qualidade do software que está sendo construído. Portanto, o item V é falso.

• Os itens I e III são verdadeiros.

Resposta: b

37. (UnB/CESPE – Estímulo e Difusão de Tecnologias, Informação e Educação Ambiental – IBAMA – 2005) A engenharia de *software* objetiva responder à necessidade de produção sistemática de *software* que atenda a requisitos técnicos, garantindo determinado nível de qualidade, a determinado custo. Acerca do emprego da engenharia de *software* no desenvolvimento de aplicações e bancos de dados, julgue o item que se segue.

1. O modelo de processo de desenvolvimento de *software rapid application development* (RAD) é apropriado para aplicações cuja modularização é desconhecida ou de difícil obtenção.

Solução:

O *RAD* é apropriado para sistemas em que os requisitos são bem compreendidos e o objetivo do projeto é restrito. Também pode ser um candidato a este modelo de desenvolvimento, o software que possa ser modularizado de modo que cada uma das principais funções possa ser completada em menos de três meses. Este modelo *não* é apropriado para projetos que envolvam grandes riscos técnicos ou cuja modularização das aplicações seja desconhecida ou de difícil obtenção. Ele enfatiza um ciclo de desenvolvimento extremamente curto, que compreende as fases de modelagem do negócio, modelagem dos dados, modelagem do processo, geração da aplicação, teste e entrega, e o desenvolvimento é conseguido pelo uso de construção baseada em componentes. Portanto, o item está errado.

Resposta: errado

38. (ESAF – APO/Tecnologia da Informação – MPOG – 2005) Analise as seguintes afirmações relativas às estratégias de teste de software:

I. Teste é um conjunto de atividades que pode ser planejado antecipadamente e realizado sistematicamente.

II. As atividades de teste e de depuração são atividades diferentes.

III. Na atividade de teste a atividade de depuração não necessita ser considerada.

IV. Apenas uma técnica de teste é apropriada a um projeto, independente do ponto do ciclo de vida em que se encontra o projeto.

Indique a opção que contenha todas as afirmações verdadeiras.

a) I e II.

b) II e III.

c) III e IV.

d) I e III.

e) II e IV.

Solução:

• O *teste* é um processo de execução de um programa com a finalidade de encontrar um erro. Ele pode ser sistematicamente planejado e especificado e o resultado pode ser avaliado com base nas expectativas previstas neste planejamento. Portanto a afirmação I é verdadeira.

• Quando um determinado teste (caso de teste) descobre um erro, a *depuração* é o processo que resulta na *remoção* do erro. A depuração não é o teste, mas sempre ocorre como conseqüência de um teste bem-sucedido, isto é, um teste que descobre um erro que ainda não havia sido detectado. Logo a depuração deve existir para que o erro seja resolvido. Portanto a afirmação II é verdadeira e a afirmação III é falsa.

• Diversas técnicas de testes são apropriadas em um projeto e dependendo da etapa e do modelo de desenvolvimento adotado, utiliza-se, dentre outros:

a) o teste *caixa-preta*, que testa o sistema do ponto de vista dos requisitos do usuário, isto é, não considera a estrutura interna ou a forma de implementação do sistema.

b) o teste *caixa-branca*, que procura exercitar todas as partes do código de um sistema.

c) o teste de *estresse*, que submete programas a situações anormais de funcionamento.

Portanto, a afirmação IV é falsa.

Resposta: a

39. (ESAF – TRF/Tecnologia da Informação – SRF – 2005) Analise as seguintes afirmações relacionadas a Teste de Software:

I. O teste "caixa-preta" e o teste "caixa-branca" são os únicos tipos de testes possíveis quando não se dispõe do código-fonte.

II. O teste "caixa-preta", também chamado "teste funcional", testa o sistema do ponto de vista do usuário, isto é, não considera a estrutura interna ou a forma de implementação do sistema.

III. Ao adotar uma abordagem *"top-down"*, o executor de teste deve concentrar-se inicialmente no teste "caixa-branca", que parte de uma visão externa do sistema.

IV. O teste "caixa-branca" procura exercitar todas as partes do código de um sistema.

Indique a opção que contenha todas as afirmações verdadeiras.

a) II e IV.

b) II e III.

c) III e IV.

d) I e III.

e) I e II.

Solução:

- O teste *caixa-preta*, também chamado de *teste funcional*, focaliza os requisitos funcionais do software, a visão externa do sistema, não considerando a estrutura interna ou a forma de implementação do sistema; logo, independe da existência do código-fonte do software. O teste *caixa-branca* procura exercitar todas as partes do código de um sistema.

- Portanto, as afirmações I e III são falsas e as afirmações II e IV são verdadeiras.

Resposta: a

40. (ESAF – TRF/Tecnologia da Informação – SRF – 2005) Segundo os princípios da Engenharia de Software, o paradigma do Ciclo de Vida Clássico requer uma abordagem sistemática, seqüencial ao desenvolvimento do software, que:

a) gira em torno de um protótipo, até a aprovação do projeto.

b) se inicia no nível do projeto e avança ao longo da codificação, análise do sistema, teste e manutenção.

c) se inicia no nível do sistema e avança ao longo da análise, projeto, codificação, teste e manutenção.

d) se inicia no nível do projeto e avança ao longo da codificação, teste, análise do sistema e manutenção.

e) gira em torno da evolução de um protótipo, buscando a aprovação por ciclo até a aceitação final do projeto pelo cliente.

Solução:

De acordo com a solução da questão 32, o ciclo de vida *clássico* requer uma abordagem sistemática, seqüencial ao desenvolvimento do software, que se inicia no nível do sistema (engenharia de sistemas/da informação) e avança ao longo da análise, projeto, codificação, teste e manutenção.

Resposta: c

41. (UnB/CESPE – Técnico em Gestão de Informática – IGEPREV/PA – 2005) Vários ciclos de desenvolvimento de *software* vêm sendo utilizados e avaliados pela comunidade de engenharia de *software*. Acerca das características desses ciclos, assinale a opção correta.

a) O ciclo de vida linear seqüencial caracteriza-se por permitir uma fácil modificação dos requisitos durante o próprio desenvolvimento.

b) O modelo *rapid application development* (RAD) é apropriado para projetos que envolvem grandes riscos técnicos.

c) O modelo de desenvolvimento em espiral evita a análise de riscos, pois visa a produção rápida de um protótipo funcional, mas sem a qualidade de um produto comercial.

d) O modelo incremental de desenvolvimento de *software* visa desenvolvimento de um protótipo cujas partes vão sendo integradas à medida que atividades de desenvolvimento seqüenciais vão sendo desenvolvidas em paralelo.

e) O modelo de prototipação, graças à possibilidade de realização rápida de um protótipo, permite esclarecer dúvidas acerca dos requisitos dos usuários.

Solução:

• De acordo com a solução da questão 35, o ciclo de vida linear seqüencial *não* permite uma fácil modificação dos requisitos durante o desenvolvimento. Portanto, a opção *a* está incorreta.

• De acordo com a solução da questão 37, o *RAD não* é apropriado para projetos que envolvam grandes riscos técnicos. Portanto, a opção *b* está incorreta.

• De acordo com a solução da questão 32, o modelo *em espiral* é dividido em um conjunto de quatro atividades: planejamento, análise de riscos, engenharia e avaliação. Portanto, a opção *c* está incorreta.

• De acordo com a solução da questão 32, o modelo *incremental* produz incrementos sucessivos e refinados do software, utilizando o modelo em cascata combinado com a prototipagem, até que o produto completo seja produzido e entregue para o usuário. Portanto, a opção *d* está incorreta.

• De acordo com a solução da questão 35, a opção *e* está correta.

Resposta: e

42. (UnB/CESPE – Analista de Sistemas – CEEE/RS – 2005) Com relação a modelos de desenvolvimento de *software*, julgue os itens a seguir.

1. O modelo seqüencial linear abrange as seguintes atividades: modelagem e engenharia do sistema; análise de requisitos de *software*; projeto; geração de código; teste e manutenção.

Solução:

De acordo com a solução da questão 32, o item está correto.

Resposta: certo

2. O modelo espiral é um modelo de processo de *software* evolucionário que combina a natureza interativa de prototipagem com os aspectos controlados do modelo seqüencial linear.

Solução:

De acordo com a solução da questão 35, o item está correto.

Resposta: certo

3. O modelo de processo concorrente é freqüentemente usado como paradigma para o desenvolvimento de aplicações cliente/servidor, definindo atividades em duas dimensões: de sistema e de componentes.

Solução:

O modelo de *processo concorrente* ou *engenharia concorrente* é aplicável a todos os tipos de desenvolvimento de software e fornece um panorama preciso do estado atual de um projeto. Ao invés de confinar as atividades de engenharia de software a uma seqüência de eventos, ele define uma rede de atividades. Cada atividade da rede existe simultaneamente com outras atividades. Eventos gerados dentro de uma certa atividade ou em algum outro lugar da rede de atividades disparam transições entre estados de uma atividade. É freqüentemente usado como paradigma para o desenvolvimento de aplicações cliente/servidor. Na dimensão *sistema*, utilizam-se três atividades: projeto, montagem e utilização. A dimensão *componente* utiliza duas atividades: projeto e realização.

Resposta: certo

43. (UnB/CESPE – Rede e Suporte – ANS – 2005) A área de desenvolvimento de sistemas é bastante profícua no que se refere a metodologias, técnicas e ferramentas de apoio que objetivam responder à necessidade de atender a requisitos técnicos e obter um nível de qualidade determinado, sob determinadas restrições de esforço e custo. A respeito do desenvolvimento de aplicações e de bancos de dados, julgue os itens a seguir.

1. No modelo de desenvolvimento de *software* incremental, ocorrem várias seqüências lineares de desenvolvimento escalonadas em um determinado período de tempo, com algumas seqüências tendo atividades simultâneas a atividades das outras seqüências.

Solução:

De acordo com a solução da questão 32, o item está correto.

Resposta: certo

2. As técnicas de quarta geração são empregadas em ferramentas de *software* destinadas à realização de testes sistemáticos de usabilidade de *software*.

Solução:

O termo *técnica de quarta geração* abrange um conjunto amplo de ferramentas de software que têm uma coisa em comum: cada ferramenta permite que o engenheiro de software especifique alguma característica do software em alto nível. A ferramenta gera, então, código-fonte automaticamente baseado na especificação do desenvolvedor.

Resposta: errado

3. Um diagrama de fluxo de dados de nível zero é aquele que apresenta a maior quantidade de detalhes sobre as transformações aplicadas aos dados desde a entrad' até a saída de um sistema.

Solução:

O DFD pode ser usado para representar um sistema ou software em qualquer nível de abstração. O *nível zero* do DFD, denominado *modelo fundamental do sistema*, representa o elemento software global como uma única bolha (processo) descrevendo o nível mais alto de abstração, com dados de entrada indicados por setas que chegam, e a saída indicada por setas que saem desta única bolha (processo).

Resposta: errado

44. (UnB/CESPE – Desenvolvimento de Sistemas e Banco de Dados – ANS – 2005) A engenharia de *software* provê várias metodologias, técnicas e ferramentas de apoio para garantir que os recursos alocados ao desenvolvimento de *software* leve a resultados que tenham um nível de qualidade controlado e atendam a especificações de requisitos técnicos. Acerca do emprego da engenharia de *software* e suas metodologias e ferramentas no desenvolvimento de aplicações e bancos de dados, julgue os itens a seguir.

1. Uma das características do modelo de desenvolvimento de *software* em espiral é a realização de ajustes no plano do projeto a cada ciclo de evolução do desenvolvimento.

Solução:

De acordo com a solução da questão 32, o item está certo.

Resposta: certo

2. O modelo *rapid application development* (RAD) é uma adaptação do modelo em espiral para atender a projetos de *software* fundamentados em componentes.

Solução:

Embora fundamentado em componentes, de acordo com a solução da questão 37, o RAD não é uma adaptação do modelo em espiral. Portanto, o item está errado.

Resposta: errado

3. Denomina-se *beta test* a prática de realização de testes de um *software* pelo usuário final, em um ambiente controlado pelos desenvolvedores desse *software*.

Solução:

De acordo com a solução da questão 33, o item está errado.

Resposta: errado

45. (FCC – Análise de Sistemas – TRT 24ª Região – 2006) O modelo adotado pela engenharia de *software*, originalmente apresentado com iterações distribuídas em quatro quadrantes, onde cada iteração representa versões progressivamente mais completas do *software*, sendo os quadrantes definidos como Planejamento, Análise dos Riscos, Engenharia e Avaliação feita pelo cliente, é, especificamente, o modelo.

a) clássico.

b) por prototipação.

c) em espiral.

d) da análise comportamental.

e) em cascata.

Solução:

De acordo com a solução da questão 32, a opção correta é a c.

Resposta: c

46. (FJPF/UFRJ – Análise de Sistemas – CONAB – 2006) O modelo de processo de desenvolvimento de software incremental que enfatiza um ciclo de desenvolvimento extremamente curto, que compreende as fases de modelagem do negócio, modelagem dos dados, modelagem do processo, geração da aplicação, além de teste e entrega, e que o desenvolvimento é conseguido pelo uso de construção baseada em componentes, é conhecido como modelo:

a) seqüencial linear.

b) RAD (Rapid Application Development).

c) de prototipagem.

d) Espiral.

e) de desenvolvimento concorrente.

Solução:

De acordo com a solução da questão 37, a descrição corresponde ao modelo *RAD*.

Resposta: b

47. (NCE/UFRJ – Tecnologia da Informação – INCA – 2005) Com relação a padrões de projeto, analise as afirmativas a seguir:

I. Os padrões de projeto são soluções de projeto já empregadas em outras situações.

II. Os padrões de projeto são normas obrigatórias que devem ser seguidas pela equipe de desenvolvimento de sistemas.

III. Todos os padrões de projeto devem ser homologados pelo grupo GoF (*Gang of Four*).

a) apenas a afirmativa I está correta.

b) apenas as afirmativas I e II estão corretas.

c) apenas as afirmativas II e III estão corretas.

d) apenas a afirmativa III está correta.

e) todas as afirmativas estão corretas.

Solução:

- Os *design patterns* (padrões de projeto, em português) são soluções genéricas para problemas que geralmente ocorrem no desenvolvimento de sistemas computacionais, particularmente de projetos orientados a objetos, e servem como *um guia de boas práticas* e não como uma norma rígida a ser seguida.

- Eles norteiam a construção de software utilizando conceitos orientados a objetos, tais como: a composição, a herança e a agregação, expressando soluções comprovadas para problemas de projetos recorrentes. Para atingir esse objetivo, são utilizados os dados e requisitos do software no qual o padrão será aplicado, um conjunto de propostas de classes, objetos e algoritmos associados que implementem tais soluções e as responsabilidades e colaboração entre as classes da solução.

- Os padrões mais conhecidos são os 23 catalogados por quatro profissionais (Eric Gamma, Richard Helm, Ralph Johnson e John Vlissides) que ficaram conhecidos como a *gangue dos quatro* (*Gang of Four – GoF*). Depois da publicação deste catálogo inicial de padrões, outros padrões vêm sendo identificados e publicados, mas não precisam ser homologados pelo GoF.

- Portanto, a afirmativa I é verdadeira e as afirmativas II e III são falsas.

Resposta: a

48. (NCE/UFRJ – A. de TI Pleno: Sistemas de Informação – TGB – 2006) Considere as seguintes assertivas sobre modelos de ciclo de vida de desenvolvimento de sistemas:

I. No modelo incremental, a codificação dos módulos é feita antes da fase de *design*.

II. No modelo em cascata, cada fase inicia somente quando sua predecessora termina.

III. O modelo em espiral obriga que a análise de risco do projeto seja feita uma única vez.

A opção que mostra todos e somente os itens corretos é:

a) somente I.

b) somente II.

c) somente III.

d) somente I e II.

e) somente II e III.

Solução:

- De acordo com a solução da questão 32, os itens I e III estão incorretos e o item II está correto.

Resposta: b

49. (ESAF – Analista de Sistemas – MP/ENAP – 2006) No modelo Espiral para a engenharia de Software são definidas as atividades de:

a) Coleta de Requisitos, Análise de Requisitos, Planejamento e Encerramento.

b) Análise de Requisitos, Teste, Retrabalho e Encerramento.

c) Planejamento, Análise de Risco, Engenharia e Avaliação feita pelo cliente.

d) Prototipação Inicial, Prototipação de Níveis Superiores, Finalização do Sistema e Manutenção.

e) Análise de Riscos, Prototipação Inicial, Prototipação de Níveis Superiores e Manutenção.

Solução:

De acordo com a solução da questão 32, a opção correta é a *c*.

Resposta: c

50. (NCE/UFRJ – Analista de Sistemas – Eletrobrás – 2005) Considere as seguintes afirmativas sobre a técnica de projeto conhecida como Padrões de Projeto (PP – *design patterns* em inglês), como utilizado na engenharia de SW:

Um PP:

I. é aplicável somente ao estilo de projeto orientado a objetos;

II. mostra conjuntos de classes e objetos que resolvem um problema de projeto recorrente;

III. não deve usar nem herança nem composição.

A(s) afirmativa(s) correta(s) é/são somente:

a) I.

b) II.

c) I e II.

d) II e III.

e) I, II e III.

Solução:

De acordo com a solução da questão 47, as afirmativas I e II são verdadeiras e a afirmativa III é falsa.

Resposta: c

51. (CESGRANRIO – A. Sist. Junior: Desenvolvimento de Soluções – Petrobras – 2005) Com relação às técnicas de teste de software, assinale a afirmativa *INCORRETA*:

a) Usando métodos de teste de caixa branca é possível derivar casos de teste que exercitem as estruturas internas de dados para garantir a sua validade.

b) O teste de caixa branca é um método de projeto de casos de teste que usa a estrutura de controle do projeto procedimental para derivar casos de teste.

c) O teste de caminho básico, o teste de laços e a análise de valor limite são técnicas de teste de caixa preta.

d) O particionamento de equivalência é um método de teste que divide o domínio de entrada de um programa em classes de dados a partir das quais os casos de teste podem ser derivados.

e) As técnicas de grafo de causa-efeito possibilitam validar conjuntos complexos de ações e condições.

Solução:

- O *teste do caminho básico* e o *teste de laços* são variações do *teste de caixa-branca*. O método do *caminho básico* permite criar uma medida de complexidade lógica de um projeto e usar essa medida como guia para definir um conjunto básico de caminhos de execução dos programas. O *teste de laços* focaliza exclusivamente a validade das construções de laços dentro dos programas.

- A *análise de valor limite* é uma variação do *teste de caixa preta* que leva à seleção de casos de teste que exercitam os valores limítrofes das fronteiras do domínio de entrada de dados do sistema. Portanto, a opção *c* está incorreta.

Resposta: c

52. (NCE/UFRJ – Ciência da Computação – Auditoria Geral de Estado de Mato Grosso – 2005) Analise os conjuntos de atributos a seguir:

I. Dados e requisitos do software no qual o padrão será aplicado.

II. As classes que implementam a solução.

III. As responsabilidades e colaboração entre as classes da solução.

De acordo com Gamma e colaboradores, o(s) atributo(s) que deve(m) fazer parte da especificação de um padrão de projeto (*design pattern*) é/são somente:

a) I.

b) II.

c) III.

d) I e II.

e) I, II e III.

Solução:

De acordo com a solução da questão 47, as afirmativas I, II e III são verdadeiras.

Resposta: e

Capítulo 3 – Engenharia de Software | 55

53. (FJPF/UFRJ – Análise de Sistemas – CONAB – 2006) Na engenharia de software, o método de teste que tem por finalidade determinar se os requisitos foram total ou parcialmente satisfeitos pelo produto, não verificando como ocorre o processamento, mas apenas os resultados produzidos, é conhecido como:

a) caixa branca.

b) integração.

c) caixa preta.

d) teste de caminho básico.

e) teste de matriz ortogonal.

Solução:

- De acordo com a solução da questão 34, a opção *a* está incorreta.

- O *teste de integração* é uma técnica para construir a estrutura do programa enquanto, ao mesmo tempo, conduz testes para descobrir erros associados às interfaces.

- De acordo com a solução da questão 51, a opção *d* está incorreta.

- O *teste de matriz ortogonal* é aplicado a problemas em que o domínio de entrada é relativamente pequeno, mas grande demais para validar todos os valores possíveis de entrada.

- A descrição da questão corresponde ao *teste de caixa preta*.

Resposta: c

54. (UnB/CESPE – Análise de Sistemas – MPE/TO – 2006) A engenharia de software é uma área do conhecimento que focaliza diferentes aspectos ligados à produção de programas de computador. Ela surgiu nos anos 70 do século passado com o objetivo de permitir um tratamento mais sistemático aos processos de desenvolvimento de sistemas de software. A fundamentação científica para esse ramo da engenharia envolve o uso de modelos abstratos e práticos que permitem a especificação, a análise, o projeto, a implementação e a manutenção dos sistemas de software. Com relação aos diversos aspectos ligados a essa área do conhecimento, julgue os itens subseqüentes.

1. Entre os diversos níveis possíveis de testes de software, há os chamados testes de unidade (*unit tests*), que procuram testar o programa como um todo, dentro de um contexto totalmente integrado, procurando validar todas as suas potencialidades de forma unificada.

Solução:

O *teste de unidade* focaliza cada módulo de um sistema de forma individual, garantindo que ele funcione adequadamente como uma unidade. Ele faz uso das técnicas de teste de caixa-branca intensamente, exercitando caminhos específicos na estrutura de controle de um módulo, para garantir completa cobertura e máxima detecção de erros. Portanto, o item está errado.

Resposta: errado

2. Uma característica que pode ser utilizada para expressar a qualidade de um projeto de software é conhecida como coesão, que mede o grau de relação entre as atividades (comandos) de um módulo, facilitando a sua reutilização.

Solução:

De acordo com a solução da questão 11, a *coesão* mede o grau de relação entre as atividades (comandos) de um módulo, facilitando a sua reutilização. Portanto, o item está correto.

Resposta: certo

55. (FCC – Redes e/ou Banco de Dados – TRE/SP – 2006) As avaliações de funcionalidade e de desempenho dos programas de um sistema submetidos a situações anormais tratam-se de teste de:

a) estresse.

b) recuperação.

c) segurança.

d) caixa preta.

e) caixa branca.

Solução:

- De acordo com a solução da questão 34, as opções *b*, *d* e *e* estão erradas.

- O *teste de segurança* tenta verificar se os mecanismos de proteção incorporados a um sistema vão, de fato, protegê-lo de uma invasão imprópria; logo, a opção *c* está errada.

- De acordo com a solução da questão 38, a opção *a* está correta.

Resposta: a

Capítulo 4

Estrutura de Dados e Lógica

56. (CESGRANRIO – Tecnologia da Informação – EPE – 2006) Se A = 10100101, B = 00001111, C = 01101101 e D = 11110000, então, o resultado da expressão booleana ((A AND B) XOR (C OR D)) é:

a) 00000010

b) 00000101

c) 00010101

d) 11001111

e) 11111000

Solução:

Baseado no uso de tabelas verdade, resolve-se a questão.

A	B	A e B (AND, ∧, &)
V	V	V
V	F	F
F	V	F
F	F	F

A	B	A ou B (OR, ∨, |)
V	V	V
V	F	V
F	V	V
F	F	F

A	B	A → B
V	V	V
V	F	F
F	V	V
F	F	V

A	B	A ↔ B
V	V	V
V	F	F
F	V	F
F	F	V

A	B	A xou B (XOR, ^, OU EXCLUSIVO)
V	V	F
V	F	V
F	V	V
F	F	F

A	~A (!, NOT)
V	F
F	V

Considerando o 'V' como '1' e o 'F' como '0', temos:

((A AND B) XOR (C OR D)) =

((10100101 AND 00001111) XOR (01101101 OR 11110000))

```
  10100101              01101101
  00001111 AND          11110000 OR
  ────────              ────────
  00000101              11111101
```

(00000101)   XOR   (11111101)

```
  00000101
  11111101 XOR
  ────────
  11111000
```

11111000

Resposta: e

57. (NCE/UFRJ – Analista de Sistemas – ELETRONORTE – 2006) Dados os operadores lógicos: & (AND), | (OR), ! (NOT), ^(OU EXCLUSIVO), e considerando-se '1' = verdadeiro e '0' =falso, a expressão a seguir que, se avaliada, produzirá o valor 'verdadeiro' é:

a) (((1&0)|1)^((1&0)|!0))

b) ((((!(0&1))|0)^((0|1)&1))

c) (((1&0)|1)^((1&0)&!0))

d) !1

e) (((0&1)|0)^((0&1)&!1))

Solução:

De acordo com a solução da questão 56, basta utilizar as tabelas verdade considerando o *'V'* por *'1'* e o *'F'* por *'0'* e respeitando os parênteses.

Opção a

(((1 & 0) | 1) ^ ((1 & 0) | !0))

((0 | 1) ^ (0 | !0))

(1 ^ (0 | 1))

(1 ^ 1)

$$0$$

Opção b

(((! (0 & 1)) | 0) ^ ((0 | 1) & 1))

(((! 0) | 0) ^ (1 & 1))

((1 | 0) ^ 1)

(1 ^ 1)

$$0$$

Opção c

(((1 & 0) | 1) ^ ((1 & 0) & ! 0))

((0 | 1) ^ (0 & 1))

(1 ^ 0)

$$1$$

Opção d

! 1
_____
   0

Opção e

(((0 & 1) | 0   ^ ((0 & 1) & ! 1))

((0 | 0) ' (0   & 0))

(0   0   )
_____
                    0

A opção que produz o valor *verdadeiro* é a opção *c*.

Resposta: c

58. (NCE/UFRJ – Ciência da Computação – Auditoria Geral de Estado de Mato Grosso – 2005) Considere a estrutura de dados fila, do tipo FIFO. Entidades são inseridas nessa estrutura com a operação *push( )* e removidas com a operação *pop( )*. A opção a seguir que mostra o conteúdo ordenado da fila após a seqüência de operações *push(8), push(7), push(5), push(2), pop( ), push(8), push(7), pop( ), push(5), push(2), pop( ), pop( )* é:

a) 8578

b) 8758

c) 8752

d) 2875

e) 2758

Solução:

A fila é uma estrutura de dados do tipo FIFO (*First In First Out* – primeiro a entrar, primeiro a sair), onde todas as inserções de novas entidades (e$_1$, e$_2$, ..., e$_n$) são realizadas numa extremidade da lista e todas as remoções de elementos são feitas na outra extremidade da lista.

Capítulo 4 – Estrutura de Dados e Lógica | 63

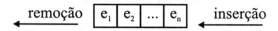

De acordo com o exemplo, temos os seguintes passos:

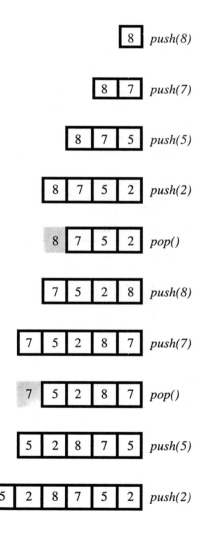

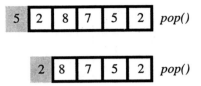

Resposta: c

59. (CESGRANRIO – Tecnologia da Informação – EPE – 2006) A tabela abaixo mostra as operações para a manipulação de uma pilha.

PUSH	Coloca um novo elemento no topo da pilha.
POP	Retira o elemento do topo da pilha.
Operação unária	Efetua a operação sobre o elemento do topo da pilha e substitui o elemento do topo pelo resultado. Operações disponíveis: DEC (subtrai o valor 1 do elemento).
Operação binária	Efetua a operação sobre os dois elementos no topo da pilha, retira os dois elementos do topo da pilha e coloca o resultado da operação no topo da pilha. Operações disponíveis: ADD (adição, X + Y), SUB (subtração, X - Y), MPY (multiplicação, X * Y) e DIV (divisão, X / Y), onde Y é o elemento no topo da pilha e X o elemento abaixo de Y.

Utilizando as definições acima, a seqüência de instruções a seguir foi implementada para avaliar o resultado de uma expressão, sendo A, B, C, D e E os operandos desta expressão. O resultado da avaliação é acumulado em F.

PUSH A

PUSH B

SUB

PUSH C

PUSH D

PUSH E

MPY

ADD

DEC

DIV

POP F

Com base no que foi exposto acima, se A, B, C, D e E apresentarem, respectivamente, os valores 9, 3, 2, 1 e 1, qual o valor armazenado em F após a execução da instrução POP F?

a) 2

b) 3

c) 4

d) 5

e) 6

Solução:

A pilha é uma estrutura do tipo LIFO (*Last In First Out* - último a entrar; primeiro a sair) e considerando o exemplo, temos os seguintes passos:

1º passo | 9 | PUSH A (A = 9)

2º passo | 3 | PUSH B (B = 3)
         | 9 |

3º passo | 3 | SUB (X – Y = 9 – 3 = 6)
         | 9 |

| 6 |

4º passo | 2 | PUSH C (C = 2)
         | 6 |

5º passo | 1 | PUSH D (D = 1)
          | 2 |
          | 6 |

6º passo | 1 | PUSH E (E = 1)
          | 1 |
          | 2 |
          | 6 |

7º passo | 1 | MPY (X * Y = 1 * 1 = 1)
          | 1 |
          | 2 |
          | 6 |

| 1 |
| 2 |
| 6 |

8º passo | 1 | ADD (X + Y = 2 + 1 = 3)
          | 2 |
          | 6 |

| 3 |
| 6 |

9º passo | 3 | DEC (3 – 1 = 2)
          | 6 |

| 2 |
| 6 |

10º passo | 2 | DIV (X / Y = 6 – 2 = 3)
          | 6 |

| 3 |

11º passo | 3 | POPF   3

Resposta: b

60. (CESGRANRIO – Tecnologia da Informação Mineral – DNPM – 2006) Uma árvore binária será uma árvore de busca se:

a) todo nó não folha tiver filhos cujos valores-chaves forem menores que os do pai ou iguais a estes.

b) todo filho à esquerda tiver uma chave menor que a do pai e todo filho à direita tiver uma chave igual ou maior que a do pai.

c) no caminho da raiz para cada nó folha, a chave de cada nó for igual ou maior que a chave de seu pai.

d) um nó puder ter um máximo de dois filhos.

e) a árvore for balanceada e se todos os nós forem conectados ao nó raiz.

Solução:

Uma *árvore binária* é uma *árvore de busca* se existir uma particularidade quanto à posição dos nós: os nós da direita sempre possuírem valor superior ao do nó pai, e os nós da esquerda sempre possuírem valor inferior ao do nó pai. Neste tipo de árvore de busca, se o dado procurado estiver na raiz a pesquisa é encerrada. Caso contrário, a busca continua em apenas uma das duas subárvores.

Resposta: b

61. (CESGRANRIO – A. Sist. Júnior: Desenvolvimento de Soluções – Petrobras – 2005) Assinale a opção que mostra uma representação em notação polonesa reversa para a fórmula $((A + B) \times C + D) / (E + F + G)$, expressa através da notação infixada.

a) A B × C D / E F G

b) A B + C × D / E F + G

c) A B +× C + D / E F G +

d) A + B × C + D / E + F + G

e) A B + C × D + E F + G + /

Solução:

• Na notação polonesa reversa, os operadores +, -, /, x, "(" e ")" aparecem *depois* dos operandos (*números*), respeitando suas prioridades. Portanto, temos as seguintes regras:

a) Os operadores "(" e ")" possuem a menor prioridade;

b) Os operadores +, - possuem prioridade média;

c) Os operadores x, / possuem a maior prioridade.

• A conversão utiliza a estrutura de pilha para auxílio na resolução e pode ser feita da seguinte forma:

a) Inicie com uma pilha vazia.

b) Da esquerda para direita, copie todos os operandos para a expressão de saída.

c) Ao encontrar um operador:

1. Enquanto a pilha não estiver vazia e houver no seu topo um operador com prioridade maior ou igual ao encontrado, desempilhe o operador e copie-o na saída;

2. Empilhe o operador encontrado.

d) Ao encontrar um parêntese de abertura, empilhe-o.

e) Ao encontrar um parêntese de fechamento, remova um símbolo da pilha e copie-o na saída, até que seja desempilhado o parêntese de abertura correspondente.

f) Ao final da leitura, esvazie a pilha, movendo os símbolos desempilhados para a saída.

Portanto, para a expressão ((A + B) × C + D) / (E + F + G), temos:

Item	Ação	Pilha	Saída	Expressão restante
-	-	vazia	-	((A+B)×C+D)/(E+F+G)
(	sempre empilhar	(	-	(A+B)×C+D)/(E+F+G)
(	sempre empilhar	((	-	A+B)×C+D)/(E+F+G)
A	copiar para a saída	((	A	+B)×C+D)/(E+F+G)
+	prioridade maior que topo, empilhar	+ ((	A	B)×C+D)/(E+F+G)
B	copiar para a saída	+ ((	AB	)×C+D)/(E+F+G)
)	desempilhar símbolo(s) e colocar na saída até achar o primeiro "("	(	AB+	×C+D)/(E+F+G)
×	prioridade maior que topo, empilhar	× (	AB+	C+D)/(E+F+G)
C	copiar para a saída	× (	AB+C	+D)/(E+F+G)
+	prioridade menor que topo, desempilhar símbolo, colocar na saída e inserir novo símbolo na pilha	+ (	AB+C×	D)/(E+F+G)
D	copiar para a saída	+ (	AB+C×D	)/(E+F+G)
)	desempilhar símbolo(s) e colocar na saída até achar o primeiro "("	vazia	AB+C×D+	/(E+F+G)
/	pilha vazia, empilhar	/	AB+C×D+	(E+F+G)

Item	Ação	Pilha	Saída	Expressão restante
(	sempre empilhar	(/	AB+CxD+	E+F+G)
E	copiar para a saída	(/	AB+CxD+E	+F+G)
+	prioridade maior que topo, empilhar	+ (	AB+CxD+E	F+G)
F	copiar para a saída	+ (/	AB+CxD+EF	+G)
+	prioridade igual ao topo, desempilhar símbolo, colocar na saída e inserir novo símbolo na pilha	+ (/	AB+CxD+EF+	G)
G	copiar para a saída	+ (/	AB+CxD+EF+G	)
)	final, esvaziar pilha	vazia	AB+CxD+EF+G+/	-

Resposta: e

62. (CESGRANRIO – A. Sist. Júnior: Desenvolvimento de Soluções – Petrobras – 2005) Uma proposição que é verdadeira em todas as suas valorações é uma tautologia. Assinale a opção que *NÃO* é uma tautologia:

a) p $\vee$ ~ (p $\wedge$ q)

b) (p $\wedge$ q) $\rightarrow$ (p $\leftrightarrow$ q)

c) p $\vee$ (q $\wedge$ ~q) $\leftrightarrow$ p

d) p $\rightarrow$ (p $\vee$ q)

e) ~p $\wedge$ (p $\wedge$ ~q)

Solução:

De acordo com a solução da questão 56, basta construir as tabelas verdades de cada opção.

Capítulo 4 – Estrutura de Dados e Lógica | 71

Opção a:

A)

p	q	p ∧ q	~ (p ∧ q)	p ∨ ~ (p ∧ q)
V	V	V	F	V
V	F	F	V	V
F	V	F	V	V
F	F	F	V	V

é uma tautologia

Opção b:

B)

p	q	p ∧ q	p ↔ q	(p ∧ q) → (p ↔ q)
V	V	V	V	V
V	F	F	F	V
F	V	F	F	V
F	F	F	V	V

é uma tautologia

Opção c:

C)

p	q	~q	q ∧ ~q	p ∨ (q ∧ ~q)	p ∨ (q ∧ ~q) ↔ p
V	V	F	F	V	V
V	F	V	F	V	V
F	V	F	F	F	V
F	F	V	F	F	V

é uma tautologia

Opção d:

D)

p	q	p∨q	p → (p ∨ q)
V	V	V	V
V	F	V	V
F	V	V	V
F	F	F	V

é uma tautologia

Opção e:

E)

p	q	~p	~q	p∧~q	~p ∧ (p∧ ~q)
V	V	F	F	F	F
V	F	F	V	V	F
F	V	V	F	F	F
F	F	V	V	F	F

não é uma tautologia

Resposta: e

63. (UnB/CESPE – Técnico em Gestão de Informática – IGEPREV/PA – 2005) As estruturas de dados de listas, pilhas, filas, árvores e deques são largamente utilizadas na programação. No que se refere às características estruturais e funcionais desses elementos de programação, assinale a opção correta:

a) Define-se como lista encadeada simples uma lista constituída por uma série de elementos contíguos na memória.

b) Em uma lista de encadeamento duplo, é requerido que o último elemento aponte para o primeiro e vice-versa.

c) Uma pilha pode ser implementada com base em uma lista encadeada como topo da pilha correspondendo ao primeiro elemento da lista. A operação de depósito na pilha (*push*) corresponde à inserção de um elemento na cabeça da lista e a operação de retirada da pilha (*pop*) corresponde à remoção do elemento na cabeça da lista.

d) Um deque é um tipo particular de pilha em que, graças à utilização de múltiplos ponteiros, é possível atribuir prioridades para a retirada de elementos específiccs.

e) No cruzamento de uma árvore em modo pós-ordenado, o nodo raiz é o primeiro a ser visitado.

Solução:

• Uma *lista encadeada simples* é um conjunto de elementos dispostos em uma dada organização física, não linear, isto é, espalhados pela memória. Os elementos da lista possuem apenas um ponteiro que aponta para o elemento sucessor ou próximo. Logo, a opção *a* é incorreta.

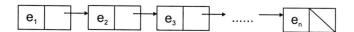

• Em uma *lista de encadeamento duplo*, cada elemento possui um campo que aponta para o seu predecessor (anterior) e outro para o seu sucessor (próximo). Logo, a opção *b* é incorreta.

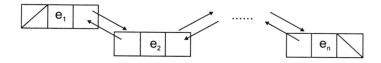

• Um *deque* (*Double-Ended QUEue,* fila de extremidade dupla) é um tipo de lista em que as inserções, remoções ou acessos são realizados em qualquer extremo. O deque pode ainda gerar dois casos especiais: *Fila Dupla de Entrada Restrita* (se a inserção for restrita a um único extremo) e *Fila Dupla de Saída Restrita* (se a remoção for restrita a um único extremo). Logo, a opção *d* é incorreta.

• Para percorrer de forma sistemática por cada um dos nodos de uma árvore no modo *pós-ordenado*, primeiro visita-se a folha esquerda, depois a folha direita e por último visita-se a raiz. No modo *pré-ordenado*, visita-se primeiro a raiz, depois a folha esquerda e por último a folha direita. Logo, a opção *e* é incorreta.

• A opção *c* descreve corretamente a estrutura da *pilha*.

Resposta: c

64. (UnB/CESPE – Desenvolvimento de Sistemas e Banco de Dados – ANS – 2005)
No que se refere a conceitos de estruturas de dados e suas representações na linguagem Java, julgue o item a seguir:

1. As árvores binárias têm várias propriedades quanto às relações entre sua altura e seu número de nodos. Denota-se o conjunto de nodos de mesma profundidade d de uma árvore T como sendo o nível d de T. Sendo assim, em uma árvore binária, o nível 0 tem um nodo, o nível 1 tem, no máximo, 2 nodos, o nível 2 tem, no máximo, 4 nodos, e assim por diante.

Solução:

• *Árvores* são estruturas de dados dinâmicas em que os dados possuem uma ordem pré-definida, os elementos são dispostos de acordo com uma hierarquia e existe um nó (*nodo*) principal conhecido como raiz, que é representada na parte superior da árvore. Em uma árvore genérica, não binária, cada nodo pode ter qualquer quantidade de nodos filho.

• Cada nodo de uma árvore dá origem a uma subárvore. O *grau* de uma árvore é definido de acordo com o número de subárvores daquele nodo, isto é, o número de filhos. O nível mais elevado de uma árvore é conhecido como *altura* ou *profundidade*.

• O *nível* de um nodo é definido de maneira que o nodo-raiz esteja no nível zero, os seus filhos no nível um, os netos no nível dois, e assim sucessivamente.

• Uma *árvore binária* é aquela em que o *grau máximo* de um nodo é dois. Dessa forma, quando um nodo tem grau dois ele dá origem a duas subárvores, uma esquerda e outra direita.

• Na figura abaixo, por exemplo, temos uma árvore binária cuja profundidade é dois (número de nível mais elevado) com o nodo A como raiz e os nodos B e C como filhos. Portanto, o item está correto.

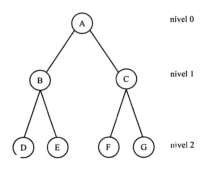

Resposta: certo

Capítulo 4 – Estrutura de Dados e Lógica | 75

65. (UnB/CESPE – Sistemas de Informação – PRODEST – 2006) Uma das tarefas mais importantes no desenvolvimento de aplicações é a análise e a avaliação da eficiência computacional dessas soluções, isto é, a comparação entre os diferentes algoritmos que podem ser utilizados para a solução de um mesmo problema. No que se refere aos algoritmos e técnicas e aos seus desempenhos, julgue os itens que se seguem:

1. Considerando-se os algoritmos de busca em árvores, a busca em pré-ordem inicia-se pela raiz da árvore, seguindo para a subárvore à direita e, depois, a subárvore à esquerda, ambas em pré-ordem.

Solução:

A busca em pré-ordem inicia-se pela raiz da árvore, seguindo para a subárvore à esquerda e, depois, a subárvore à direita, ambas em pré-ordem. Portanto, o item está errado.

Resposta: errado

2. Considere o algoritmo de busca em profundidade em um grafo G, partindo de um vértice $v \in$ G. Nesse algoritmo, a busca se inicia pelo vértice v, listando todos os vértices adjacentes. Em seguida, escolhe-se um dos vértices adjacentes para continuar a busca, novamente listando os vértices adjacentes, e assim por diante.

Solução:

Na busca em profundidade, as arestas são exploradas a partir do vértice v mais recentemente descoberto que ainda possui arestas não exploradas saindo dele. Quando todas as arestas adjacentes a v tiverem sido exploradas, a busca anda para trás (*backtrack*) para explorar vértices que saem do vértice do qual v foi descoberto. O processo continua até que sejam descobertos todos os vértices que são alcançáveis a partir do vértice original. Portanto, o item está errado.

Resposta: errado

Capítulo 5

Métricas

66. (NCE/UFRJ – Analista de Sistemas – Ministério da Integração Nacional – 2005) Considere as seguintes afirmativas sobre a métrica de Pontos de Função (PF):

I. É aplicável nas fases iniciais do projeto de sistemas de informação.

II. É usada para estimar o esforço de desenvolvimento de sistemas de informação.

III. O valor da medida (em PF) depende da linguagem de implementação.

A(s) afirmativa(s) correta(s) é/são somente:

a) I

b) II

c) III

d) I e II

e) I, II e III

Solução:

A análise de pontos de função é um método para medição de software, do ponto de vista do usuário, que quantifica as funcionalidades identificadas nas fases iniciais de levantamento e auxilia no processo de estimativa do esforço necessário para o desenvolvimento de um sistema de informação. Para atingir este objetivo, as funcionalidades que o usuário solicita e recebe são medidas independentemente da tecnologia utilizada na sua implementação. Portanto, as afirmativas I e II são verdadeiras e a afirmativa III é falsa.

Resposta: d

67. (NCE/UFRJ – Analista de Sistemas – BNDES – 2005) A tabela abaixo mostra, na parte superior, uma primeira estimativa para a funcionalidade de um sistema de software a ser desenvolvido e, na parte inferior, a tabela de pesos para o cálculo de pontos de função não-ajustados:

Componentes			
Entradas	5	8	4
Saídas	8	10	4
Arquivos	15	4	0

Pesos	Simples	Médio	Complexo
Entradas	3	4	6
Saídas	4	5	7
Arquivos	7	10	15

A produtividade média dos integrantes da equipe é de 12 pontos de função por pessoa.mês. O número mínimo de pessoas da equipe de desenvolvimento para que o projeto termine em seis meses é:

a) 3

b) 5

c) 7

d) 9

e) 11

Solução:

1) Primeiramente, faça a contagem dos pontos de função multiplicando e, posteriormente, somando as quantidades de entradas, saídas e arquivos pelos seus respectivos pesos, linha a linha, como apresentado a seguir:

Entradas: $5 \times 3 + 8 \times 4 + 4 \times 6$ =   71

Saídas: $8 \times 4 + 10 \times 5 + 4 \times 7$ =   110

Arquivos: $15 \times 7 + 4 \times 10 + 0 \times 15$ = $\underline{145 +}$

326 pontos de função

2) Agora, divida o total de pontos de função pelo número de meses do projeto:

$$\frac{326}{6} \cong 54,33 \text{ pontos de função/mês}$$

Portanto, a média mensal de pontos de função ao longo dos seis meses é 54,33.

3) Como a média de produtividade é de 12 pontos de função por pessoa.mês, basta dividir a média mensal pela média da produtividade para achar o número mínimo de pessoas da equipe.

$$\frac{54,33}{12} \cong 4,53 \text{ pessoas/mês}$$

Logo, o valor mais aproximado é 5.

Resposta: b

68. (NCE/UFRJ – Analista de Tecnologia da Informação – SEF/AM – 2005) A tabela abaixo mostra, na parte superior, uma primeira estimativa para a funcionalidade de um sistema de software a ser desenvolvido e na parte inferior a tabela de pesos para o cálculo de pontos de função não-ajustados:

	Componentes		
	Simples	Médio	Complexo
Entradas	4	8	5
Saídas	4	6	4
Arquivos	5	3	1
	Pesos		
	Simples	Médio	Complexo
Entrada	3	4	6
Saídas	4	5	7
Arquivos	7	10	15

Assumindo-se que a produtividade média de uma equipe é de 12 pontos de função (não–ajustados) por pessoa.mês, o valor mais próximo do esforço total estimado (pessoas.mês) para o desenvolvimento desse sistema é:

a) 1

b) 17

c) 19

d) 20

e) 21

Solução:

1) Primeiramente, faça a contagem dos pontos de função multiplicando e, posteriormente, somando as quantidades de entradas, saídas e arquivos pelos seus respectivos pesos, linha a linha, como apresentado a seguir:

Entradas: 4 x 3 + 8 x 4 + 5 x 6 = 74

Saídas: 4 x 4 + 6 x 5 + 4 x 7 = 74

Arquivos: 5 x 7 + 3 x 10 + 1 x 15 = 80 +
$$\overline{}$$
228 pontos de função

2) Agora, divida o total de pontos de função pela produtividade média da equipe para achar o resultado.

$$\frac{228}{12} = 19$$

Resposta: c

69. (ESAF – Tecnologia da Informação – CGU – 2006) Na Análise de Ponto por Função, para que uma determinada função seja contada como um Arquivo Lógico Interno (ALI), algumas regras devem ser atendidas. Uma dessas regras visa a garantir que o grupo de dados:

a) é referenciado pela aplicação contada, porém é mantido fora da sua fronteira.

b) não é referenciado pela aplicação contada e deve ser mantido fora da sua fronteira.

c) não participa de nenhum tipo de relacionamento com o usuário.

d) é mantido por outra aplicação, porém é considerado um ALI nesta outra aplicação.

e) ou informações de controle, é logicamente relacionado e identificável pelo usuário.

Solução:

A contagem dos pontos de função define alguns elementos como base deste processo de contagem e podem ser visualizados a seguir:

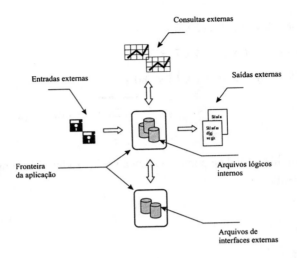

- Um *arquivo lógico interno* (ALI) é um grupo de dados ou informações de controle logicamente relacionados, reconhecido pelo usuário e mantido dentro da fronteira da aplicação. A principal intenção de um ALI é armazenar dados mantidos através de um ou mais processos elementares da aplicação que está sendo contada.

- Um *arquivo de interface externa* (AIE) é um grupo de dados ou informações de controle, identificável pelo usuário, logicamente relacionado e referenciado (lido) pela aplicação, cuja principal intenção é armazenar dados referenciados por meio de um ou mais processos elementares dentro da fronteira da aplicação sendo contada.

- Uma *entrada externa* (EE) é um processo elementar que processa dados ou informações de controle originados de fora da fronteira da aplicação, cuja principal intenção é manter um ou mais arquivos lógicos internos e/ou alterar o comportamento do sistema.

- Uma *saída externa* (SE) é um processo elementar que envia dados ou informações de controle para fora da fronteira da aplicação, cuja principal intenção é apresentar informação ao usuário através de lógica de processamento que não seja apenas uma simples recuperação de dados ou informações de controle.

- Uma *consulta externa* (CE) é um processo elementar que envia dados ou informações de controle para fora da fronteira da aplicação, cuja principal intenção é apresentar informações ao usuário através da simples recuperação da dados ou informações de controle de um ALI ou AIE.

Resposta: e

Capítulo 5 – Métrica | 83

70. (ESAF – Tecnologia da Informação – CGU – 2006) Na Análise de Ponto por Função, o fator de ajuste é baseado em 14 características gerais de sistema. Com relação a essas características, é correto afirmar que a:

a) performance descreve o nível em que a aplicação comunica-se diretamente com o processador.

b) facilidade de operação descreve em que nível considerações sobre fatores humanos e facilidade de uso pelo usuário final influenciam o desenvolvimento da aplicação.

c) comunicação de dados descreve o nível em que considerações sobre tempo de resposta e taxa de transações influenciam o desenvolvimento da aplicação.

d) reusabilidade descreve o quanto a aplicação e seu código foram especificamente projetados, desenvolvidos e suportados para serem utilizados em outras aplicações.

e) modificação facilitada descreve em que nível o processamento lógico ou matemático influencia o desenvolvimento da aplicação.

Solução:

- A característica *Performance* descreve em que nível os requisitos estabelecidos pelo usuário, sobre o tempo de resposta, influenciam o projeto, desenvolvimento, instalação e suporte de uma aplicação.

- A característica *Facilidade de Operação* descreve em que nível uma aplicação atende a alguns aspectos operacionais, como inicialização, segurança e recuperação.

- A característica *Comunicação de Dados* descreve o nível em que uma aplicação comunica-se diretamente com o processador.

- A característica *Modificação Facilitada* descreve em que nível uma aplicação foi especificamente desenvolvida para facilitar a mudança de sua lógica de processamento ou estrutura de dados.

- A única característica cuja descrição está correta é a *Reusabilidade*.

Resposta: d

71. (ESAF – APO/Tecnologia da Informação – MPOG – 2005) Na Análise de Pontos de Função, as funções do tipo transação, classificadas como Entradas Externas, Saídas Externas ou Consultas Externas, representam as necessidades de processamento de dados fornecidas pela aplicação. Em relação a essas funções é correto afirmar que:

a) relatórios e consultas que contenham cálculos ou gerem dados derivados são exemplos de Consultas Externas.

b) menus estáticos são exemplos de Consultas Externas.

c) transações que recebem dados externos utilizados na manutenção de Arquivos Lógicos Externos são exemplos de Entradas Externas.

d) telas de filtro de relatórios e consultas são exemplos de Entradas Externas.

e) consultas e relatórios sem nenhum totalizador e que não atualizam arquivos são exemplos de Saídas Externas.

Solução:

Para resolver, verifique o quadro a seguir:

	Exemplos	*Não-exemplos*
Entrada Externa	– Transações que recebem dados externos utilizados na manutenção de Arquivos Lógicos Internos. – Janela que permite adicionar, excluir e alterar registros em arquivos. – Processamento em lotes da atualização de bases cadastrais a partir de arquivos de movimento.	– Telas de filtro de relatórios e consultas – Menus – Telas de *login*

Capítulo 5 – Métrica | 85

Saída Externa	– Relatórios com totalização de dados. – Relatórios que também atualizam arquivos. – Consultas com apresentação de dados derivados ou cálculos. – Arquivo de movimento gerado para outra aplicação. – Informações em formato gráfico.	– Telas de *help*. – *Drop-downs*. – Consultas e relatórios sem nenhum totalizador, que não atualizam arquivos, não têm dados derivados ou modificam o comportamento do sistema.
Consulta Externa	– Telas de *help*. – Informações em formato gráfico. – *Drop-downs*, desde que recuperem dados de um arquivo. – Telas de *login*. – Menus gerados dinamicamente com base em configuração da aplicação.	– Menus estáticos. – Relatórios e consultas que contenha cálculo ou gerem dados derivados.

Resposta: c

72. (ESAF – AFC/Tecnologia da Informação – STN – 2005) Ao analisar um módulo de um sistema considerando a Análise por Pontos de Função (APF), chegou-se aos seguintes valores:

Nível de Influência Geral = 40

Pontos de Função não-ajustados = 1340

Neste caso, a quantidade de Pontos de Função ajustados será:

a) 536

b) 804

c) 1273

d) 1340

e) 1407

Solução:

1) Utilizando as fórmulas definidas pela APF, calcule o valor do fator de ajuste:

valor do fator de ajuste = (nível de influência geral x 0,01) + 0,65 = (40 x 0,01) + 0,65 = 1,05

2) Calcule a quantidade de pontos de função ajustados:

quantidade de pontos de função ajustados = (pontos de função não-ajustados + pontos de função incluídos de conversão de dados) x valor do fator de ajuste = (1340 + 0) x 1,05 = 1407

- O valor dos pontos de função incluídos de conversão de dados é igual a 0, pois não foi informado.

Resposta: e

73. (CESGRANRIO – A. Sist. Júnior: Suporte de Infra-Estrutura – Petrobras – 2005) Considerando que TD = Tipo de Dado (campo único, não repetido e reconhecido pelo usuário), AR = Arquivos Referenciados, EE = Entrada Externa, CE = Consulta Externa e SE = Saída Externa), assinale a opção que apresenta complexidade média na análise de Pontos de Função:

a) uma EE com 10 TDs e 1 AR

b) uma EE com 7 TDs e 2 ARs

c) uma CE com 18 TDs e 1 AR

d) uma CE com 7 TDs e 5 ARs

e) uma SE com 6 TDs e 4 ARs

Solução:

Verificando as tabelas de complexidade definidas pela Análise de Pontos de Função, a única opção válida para uma complexidade média, conforme solicitado na questão, está selecionada pela elipse.

Entrada Externa (EE)		Tipos de Dados (TD)		
		< 5	5-15	> 15
Arquivos Referenciados (AR)	< 2	Baixa	Baixa	Média
	2	Baixa	(Média)	Alta
	> 2	Média	Alta	Alta

Saída Externa (SE) e Consulta Externa (CE)		Tipos de Dados (TD)		
		< 6	6-19	> 19
Arquivos Referenciados (AR)	< 2*	Baixa	Baixa	Média
	2	Baixa	Média	Alta
	> 2	Média	Alta	Alta

* A consulta externa deve referenciar ao menos 1 arquivo lógico interno ou arquivo de interface externa.

Resposta: b

74. (FCC – Analista de Sistemas – BACEN – 2006) Considere a tabela abaixo (parcialmente preenchida), para cálculo de pontos de função:

Função	Complexidade Funcional	Total
Arquivo Lógico Interno	x 7	
Arquivo de Interface Externa	x 7	
Entrada Externa	x 6	
Saída Externa	x ...	
Consulta Externa	x ...	
Total de Pontos de Função		

Sabendo que a complexidade funcional (*Simples, Média e Complexa*) é determinada em função da quantidade de registros e/ou arquivos lógicos e itens de dados referenciados, é correto afirmar que, aos totais atribuídos a Arquivo Lógico Interno, Arquivo de Interface Externa e Entrada Externa, correspondem, respectivamente, às classificações:

a) Complexa, Média e Simples.

b) Simples, Simples e Complexa.

c) Simples, Média e Complexa.

d) Média, Média e Complexa.

e) Média, Complexa e Simples.

Solução:

Verifique o quadro de contribuição abaixo, definido pela Análise de Ponto de Função, para achar a resposta correta.

Quadro de contribuição			
Funcionalidade	Baixa	Média	Alta
Arquivo lógico interno	(x 7)	x 10	x 15
Arquivo de interface externa	x 5	(x 7)	x 10
Entrada externa	x 3	x 4	(x 6)
Saída externa	x 4	x 5	x 7
Consulta externa	x 3	x 4	x 6

Resposta: c

75 (ESAF – Analista de Sistemas – MP/ENAP – 2006) Na utilização das técnicas de Análise de Pontos de Função para métricas de software, as funções do tipo dados são classificadas em:

a) ALI (Arquivo Lógico Interno) e AIE (Arquivo de Interface Externa). A principal intenção do ALI é armazenar dados mantidos através de uma ou mais transações da aplicação sendo contada, como, por exemplo, tabelas de banco de dados atualizadas pela aplicação.

b) EE (Entrada Externa) e AIE (Arquivo de Interface Externa). A principal intenção do EE é armazenar dados mantidos através de uma ou mais transações da aplicação sendo contada, como, por exemplo, tabelas de banco de dados atualizadas pela aplicação.

c) EE (Entrada Externa), SE (Saída Externa) e CE (Consulta Externa). A principal intenção do CE é armazenar dados mantidos através de uma ou mais transações da aplicação sendo contada, como, por exemplo, tabelas de banco de dados consultadas pela aplicação.

d) ALI (Arquivo Lógico Interno), AIE (Arquivo de Interface Externa), EE (Entrada Externa), SE (Saída Externa) e CE (Consulta Externa). A principal intenção de todas essas funções é armazenar dados mantidos através de uma ou mais transações da aplicação sendo contada, como, por exemplo, manutenção, pela aplicação de tabelas de banco.

e) AIE (Arquivo de Interface Externa), SE (Saída Externa) e CE (Consulta Externa). A principal intenção de todas essas funções é apresentar informações aos usuários por meio de simples recuperação de dados.

Solução:

As funções do tipo dado representam a funcionalidade fornecida ao usuário para atender à sua necessidade de dados internos e externos à aplicação e são classificadas em *Arquivos Lógicos Internos* (ALI) e *Arquivos de Interface Externa* (AIE).

Resposta: a

76. (ESAF – Analista de Sistemas – MP/ENAP – 2006) Na utilização das técnicas de Análise de Pontos de Função cada ALI (Arquivo Lógico Interno) deve ser classificado com relação à sua complexidade funcional com base em:

a) Número de Total de Transações (TT) e Número de Acesso a Campos Lógicos (ACL).

b) Número de Transações que Recebem Dados (TRD) e Número de Transações que Enviam Dados (TED).

c) Número de Relatórios com Totalização de Dados (RTD) e Número de Tipos de Relatórios (TR).

d) Número de Tipos de Dados (TD) e Número de Tipos de Registros (TR).

e) Número de Leitura a Campos Lógicos (LCL) e Número de Alterações a Campos Lógicos (ACL).

Solução:

Cada Arquivo Lógico Interno (ALI) e Arquivo de Interface Externa (AIE) deve ser classificado com relação à sua complexidade funcional (baixa, média ou alta) com base no *número de tipos de dados* (TD) e *número de tipos de registros* (TR). Uma vez determinada as quantidades de TD e TR, a classificação com relação à complexidade é fornecida pela seguinte tabela:

Arquivo Lógico Interno (ALI) e Arquivo de Interface Externa (AIE)	Tipos de Dados (TD)		
	< 20	20-50	> 50
Tipos de Registros (TR) 1	Baixa	Baixa	Média
2-5	Baixa	Média	Alta
> 5	Média	Alta	Alta

Resposta: d

77. (NCE/UFRJ – Analista de Sistemas – SEAD/MT – 2006) Na utilização de pontos por função, são determinadas características do domínio da informação e as contagens são registradas associadas a um critério de complexidade subjetivo. Das opções abaixo, aquela que só contém parâmetros de medição utilizados nesse método é:

a) quantidade de entradas do usuário, quantidade de saídas do usuário, número de consultas do usuário, quantidade de arquivos e quantidade de interfaces externas.

b) quantidade de saídas do usuário, número de consultas do usuário, quantidade de arquivos, quantidade de interfaces externas e quantidade de defeitos por milhares de linhas de código.

c) número de consultas do usuário, quantidade de interfaces externas, quantidade de defeitos por milhares de linhas de código, quantidade de entradas do usuário e quantidade de saídas do usuário.

d) quantidade de arquivos, número de consultas do usuário, quantidade de saídas do usuário, quantidade de entradas do usuário e quantidade de defeitos por milhares de linhas de código.

e) quantidade de defeitos por milhares de linhas de código, quantidade de entrada de usuários, número de consultas do usuário, quantidade de arquivos e quantidade de interfaces externas.

Solução:

De acordo com a solução da questão 69, a contagem dos pontos de função define os seguintes elementos como base deste processo de contagem: quantidade de entradas do usuário, quantidade de saídas do usuário, número de consultas do usuário, quantidade de arquivos e quantidade de interfaces externas.

Resposta: a

Capítulo 6

Planejamento e Gestão de Projetos

78. (NCE/UFRJ – Ciência da Computação – Auditoria Geral de Estado de Mato Grosso – 2005) Considere as seguintes afirmativas sobre o modelo de qualidade do processo de desenvolvimento de software conhecido como CMM (*Capability Maturity Model*):

I. O nível de maturidade de um processo é medido numa escala que vai de 0 a 5.

II. Uma área chave de processo (*Key Process Area* - *KPA*) descreve funções de engenharia de software que devem estar presentes para caracterizar uma boa prática.

III. Garantia da qualidade de software é uma *KPA* do nível 2.

A(s) afirmativa(s) correta(s) é/são somente:

a) I

b) II

c) III

d) I e II

e) II e III

Solução:

O CMM estabelece cinco níveis de maturidade (1 a 5), sendo que cada um indica a capacidade e a maturidade do processo de software de uma organização. Cada nível é caracterizado pela existência de determinados processos, chamados de *KPA – Key*

Process Areas (Áreas-Chave de Processo), onde uma área-chave de processo (KPA) é um conjunto de funções de engenharia de software que devem estar presentes para satisfazer uma boa prática em um dado nível. A qualidade na execução do processo, o nível de acompanhamento desta execução e a adequação dos processos aos projetos são alguns dos fatores medidos para a determinação do nível de maturidade da organização. Veja a tabela a seguir com as associações correspondentes:

Nível CMM	Descrição	Áreas-chave do processo (KPA´s)
5 - Otimizado	O melhoramento contínuo do processo é conseguido através de um "feedback" quantitativo dos processos e pelo uso pioneiro de idéias e tecnologias inovadoras.	– Prevenção de Defeitos – Gerenciamento de mudanças tecnológicas – Gerenciamento de mudanças de processo
4 - Gerenciado	São coletadas medidas detalhadas da qualidade do produto e processo de desenvolvimento de software. Tanto o produto quanto o processo de desenvolvimento de software são entendidos e controlados quantitativamente.	– Gerenciamento quantitativo do processo – Gerenciamento de Qualidade de Software
3 - Definido	Tanto as atividades de gerenciamento quanto de engenharia do processo de desenvolvimento de software estão documentadas, padronizadas e integradas em um padrão de desenvolvimento da organização. Todos os projetos utilizam uma versão aprovada e adaptada do processo padrão de desenvolvimento de software da organização, isto é, a organização escolhe as rotinas e os processos são padronizados.	– Foco no processo organizacional – Definição do processo organizacional – Programa de treinamento – Engenharia do produto de software – Gerenciamento integrado do software – Coordenação entre grupos – Revisões
2 - Repetível	Os processos básicos de gerenciamento de projeto estão estabelecidos e permitem acompanhar custo, cronograma e funcionalidade. É possível repetir o sucesso de um processo utilizado anteriormente em outros projetos similares.	– Gestão de requisitos – Planejamento de Projeto de Software – Acompanhamento e Supervisão de Projeto de Software – Gestão de Subcontratação de Software – Garantia da Qualidade de Software – Gestão de Configuração

Capítulo 6 – Planejamento e Gestão de Projetos | 95

1 - Inicial	O processo de desenvolvimento é desorganizado e até caótico. Poucos processos são definidos e o sucesso depende de esforços individuais e heróicos.	– Não aplicado

Portanto, a afirmativa I é falsa e as afirmativas II e III são verdadeiras.

Resposta: e

79. (NCE/UFRJ – Analista de Tecnologia da Informação – SEF/AM – 2005) Considere as seguintes afirmativas sobre o processo de melhoria de qualidade do desenvolvimento de software conhecido como Software Capability Maturity Model (SW CMM):

I. A classificação de maturidade do processo é dada numa escala que vai de 0 até 5.

II. Uma área-chave de processo (KPA) é um conjunto de funções de engenharia de software que devem estar presentes para satisfazer uma boa prática em um dado nível.

III. Gerência de Requisitos não é uma área-chave de processo necessária para atingir o nível 2.

É/são correta(s) somente a(s) afirmativa(s):

a) I

b) II

c) III

d) I e II

e) II e III

Solução:

De acordo com a solução da questão 78, a escala de maturidade vai de 1 a 5; a gerência de requisitos é uma área-chave de processo para atingir o nível 2, e uma KPA é um conjunto de funções de engenharia de software que devem estar presentes para satisfazer uma boa prática em um dado nível. Portanto, as afirmativas I e III são falsas e a afirmativa II é verdadeira.

Resposta: b

80. (FCC – Analista de Sistemas – BACEN – 2006) No SW-CMM, quando os processos utilizados estão estabelecidos e padronizados em toda a organização e todos os projetos usam uma versão aprovada e específica do padrão de processo de *software* para desenvolvimento e manutenção de *software* da organização, essa organização encontra-se classificada no nível:

a) 1

b) 2

c) 3

d) 4

e) 5

Solução:

De acordo com a solução da questão 78, uma organização no nível 3 possui as atividades de gerenciamento e engenharia do processo de desenvolvimento de software documentadas, padronizadas e integradas em um padrão de desenvolvimento da organização e todos os projetos utilizam uma versão aprovada e adaptada do processo padrão de desenvolvimento de software da organização.

Resposta: c

81. (ESAF – APO/Tecnologia da Informação – MPOG – 2005) O PMBOK documenta cinco grupos de processos no processo de gerenciamento de projetos. De acordo com o fluxo do projeto, esses cinco grupos de processos são:

a) Iniciação, Planejamento, Execução, Controle e Encerramento.

b) Iniciação, Execução, Garantia da Qualidade, Controle e Encerramento.

c) Iniciação, Planejamento, Garantia da Qualidade, Controle e Encerramento.

d) Iniciação, Garantia da Qualidade, Controle de Configuração, Gerenciamento de Riscos e Encerramento.

e) Planejamento, Iniciação, Gerenciamento de Riscos, Controle e Encerramento.

Solução:

De acordo com o PMBOK, os processos de gerência de projetos podem ser organizados em cinco grupos, cada um deles contendo um ou mais processos, descritos na figura a seguir:

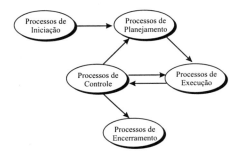

Processos	Descrição
1. Iniciação ou concepção	Autorização do projeto ou fase, reconhecendo se um produto ou fase deve começar e se comprometer para sua execução.
2. Planejamento	Definição e refinamento dos objetivos e seleção da melhor das alternativas de ação para alcançar os objetivos que o projeto estiver comprometido em atender, planejando e mantendo um esquema de trabalho viável para se atingir os objetivos do negócio que determinaram a existência do projeto.
3. Execução	Coordenar pessoas e outros recursos para realizar o plano.
4. Controle	Assegurar que os objetivos do projeto estão sendo atingidos, através da monitoração regular do seu progresso para identificar variações do plano e, portanto, ações corretivas podem ser tomadas quando necessárias.
5. Encerramento	Formalizar a aceitação do projeto ou fase e encerrá-lo(a) de uma forma organizada.

Resposta: a

82. (ESAF – APO/Tecnologia da Informação – MPOG – 2005) No planejamento de projeto de software, uma das primeiras atividades é decompor as grandes tarefas em pequenas tarefas. Considerando a estrutura de decomposição de trabalho (WBS), é correto afirmar que ela deve ser uma estrutura:

a) em grafo, onde os laços são suas principais características.

b) em árvore.

c) em forma de lista duplamente encadeada permitindo laços em pontos de decisão.

d) circular, isto é, uma lista fechada.

e) em forma de espiral, onde cada ciclo de vida é representado por uma volta na referida espiral.

Solução:

O WBS pode ser detalhado na medida da necessidade do projeto. Os níveis mais comuns de detalhamento do projeto são mostrados a seguir, em uma estrutura de árvore.

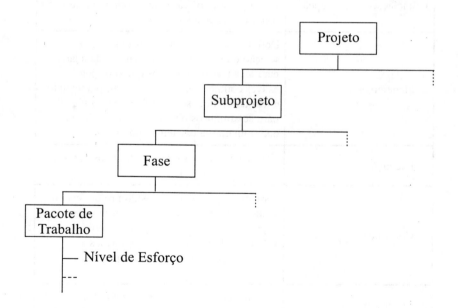

Resposta: b

83. (ESAF – AFRF/Tecnologia da Informação – SRF – 2005) Analise as seguintes afirmações relativas ao processo Seleção de fornecedores, segundo o PMBOK:

I. Um Sistema de classificação é um método para quantificar dados qualitativos de forma a minimizar os efeitos de influências pessoais na seleção de fornecedores. A maioria desses sistemas envolve: designar um peso numérico para cada critério de avaliação; atribuir notas para cada fornecedor em cada critério, multiplicar o peso pela nota e totalizar os produtos resultantes para cálculo do resultado final.

II. Nas Estimativas independentes, a organização contratante pode preparar suas próprias estimativas para servir de base para avaliação dos preços propostos. A ocorrência de diferenças significativas em relação às estimativas pode indicar que a Declaração de Trabalho não foi adequada, que o fornecedor não entendeu ou errou no pleno atendimento da mesma. Essas estimativas são freqüentemente referenciadas como estimativas, isto é, "quanto deve custar".

III. Um Sistema de ponderação envolve o estabelecimento de requerimentos mínimos de desempenho para um ou mais critérios de avaliação. Por exemplo, pode ser exigida dos fornecedores, a apresentação de um gerente de projetos que seja um Project Management Professional (PMP) antes que o restante da proposta seja considerada.

IV. A Negociação contratual envolve o esclarecimento e o acordo mútuo da estrutura e requerimentos do contrato antes de sua assinatura. A linguagem final do contrato deve refletir, o máximo possível, todo o acordo alcançado. Os assuntos cobertos incluem, mas não se limitam a responsabilidades e autoridades, termos e leis aplicáveis, abordagens quanto à gerência técnica e do negócio, financiamento do contrato e preço.

Indique a opção que contenha todas as afirmações verdadeiras:

a) I e II

b) II e III

c) II e IV

d) I e III

e) III e IV

Solução:

• Um *sistema de classificação* envolve o estabelecimento de requerimentos mínimos de desempenho para um ou mais critérios de avaliação. Por exemplo, a um potencial vendedor poderia ser exigido a apresentação de um gerente de projetos que tenha qualificação específica – por exemplo, um Project Management Professional (PMP) –, antes que o restante da proposta venha ser considerada.

• Um *sistema de ponderação* é um método para quantificar dados qualitativos de forma a minimizar os efeitos de influências pessoais na seleção de fornecedores. A maioria destes sistemas envolve:

1) designar um peso numérico para cada critério de avaliação;

2) atribuir notas para cada fornecedor em cada critério;

3) multiplicar o peso pela nota; e

4) totalizar os produtos resultantes para cálculo do resultado final.

• Portanto, segundo o PMBOK, as afirmações I e III são falsas e as afirmações II e IV são verdadeiras.

Resposta: c

84. (UnB/CESPE – Analista de Sistemas – CEEE/RS – 2005) Gerenciar projetos é aplicar conhecimentos, habilidades, ferramentas e técnicas em projetos com o objetivo de atingir ou até mesmo exceder as necessidades e expectativas dos clientes e demais partes interessadas do projeto. A respeito desse assunto, julgue o item seguinte:

1. O gerente de projetos exerce uma série de atividades durante o ciclo de vida de um projeto. O PMI (*Project Management Institute*) aborda cinco áreas de conhecimentos gerenciais: gerência de desenvolvimento, de testes, de requisitos, de estudos e de processos.

Solução:

O PMI aborda nove áreas de conhecimentos gerenciais:

Gerência	Característica	Composição
1. Gerência da Integração	Descreve os processos necessários para assegurar que os diversos elementos do projeto sejam adequadamente coordenados.	– Desenvolvimento do plano do projeto – Execução do plano do projeto – Controle geral e integrado de mudanças
2. Gerência do Escopo	Descreve os processos necessários para assegurar que o projeto contemple todo o trabalho requerido, e nada mais que o trabalho requerido, para completar o projeto com sucesso.	– Iniciação – Planejamento do escopo – Detalhamento do escopo – Verificação do escopo – Controle de mudanças do escopo
3. Gerência do Tempo	Descreve os processos necessários para assegurar que o projeto termine dentro do prazo previsto.	– Definição das atividades – Seqüenciamento das atividades – Estimativa da duração das atividades – Desenvolvimento do cronograma – Controle do cronograma
4. Gerência do Custo	Descreve os processos necessários para assegurar que o projeto seja completado dentro do orçamento previsto.	– Planejamento dos recursos – Estimativa dos custos – Orçamento dos custos – Controle dos custos
5. Gerência da Qualidade	Descreve os processos necessários para assegurar que as necessidades que originaram o desenvolvimento do projeto serão satisfeitas.	– Planejamento da qualidade – Garantia da qualidade – Controle da qualidade
6. Gerência dos Recursos Humanos	Descreve os processos necessários para proporcionar a melhor utilização das pessoas envolvidas no projeto.	– Planejamento organizacional – Montagem da equipe – Desenvolvimento da equipe

7. Gerência das Comunicações	Descreve os processos necessários para assegurar que a geração, captura, distribuição, armazenamento e pronta apresentação das informações do projeto sejam feitas de forma adequada e no tempo certo.	– Planejamento das comunicações – Distribuição das informações – Relato de desempenho – Encerramento administrativo
8. Gerência dos Riscos	Descreve os processos que dizem respeito à identificação, análise e resposta a riscos do projeto.	– Planejamento da Gerência de Risco – Identificação dos riscos – Análise qualitativa de riscos – Análise quantitativa de riscos – Desenvolvimento das respostas aos riscos – Controle e monitoração de riscos
9. Gerência das Aquisições	Descreve os processos necessários para a aquisição de mercadorias e serviços fora da organização que desenvolve o projeto.	Planejamento das aquisições Preparação das aquisições Obtenção de propostas Seleção de fornecedores Administração dos contratos Encerramento do contrato

Resposta: errado

85. (ESAF – Tecnologia da Informação – CGU – 2006) Analise as seguintes afirmações sobre os processos relacionados aos quatro domínios do COBIT:

I. A Avaliação dos riscos e a Gerência da qualidade são definidos no domínio Gerenciamento da Garantia da Qualidade.

II. A definição e manutenção de acordos de níveis de serviços (SLA) e a Gerência dos serviços de terceiros são processos do domínio Aquisição e Implementação.

III. O Desenvolvimento e manutenção dos procedimentos, instalação e certificação de software e gerenciamento de mudanças são processos do domínio Aquisição e Implementação.

IV. O plano estratégico de TI e a arquitetura da informação são definidos no domínio Planejamento e Organização.

Indique a opção que contenha todas as afirmações verdadeiras:

a) I e II

b) II e III

c) III e IV

d) I e III

e) II e IV

Solução:

O COBIT (*Control Objectives for Information and Related Technology*) é um guia para a gestão de TI (Tecnologia da Informação), focado principalmente no suporte à análise de risco e à tomada de decisão, recomendado pelo ISACF (*Information Systems Audit and Control Foundation*) e inclui recursos tais como controle de objetivos, mapas de auditoria e guia com técnicas de gerenciamento. O COBIT está dividido em quatro domínios associados a 34 processos de negócios que garantem uma gestão completa de TI em uma organização, apresentados no quadro a seguir:

Domínio COBIT	Descrição	Processos de negócio
Planejamento e Organização	Define as questões estratégicas ligadas ao uso da TI em uma organização.	– Define o plano estratégico de TI – Define a arquitetura da informação – Determina a direção tecnológica – Define a organização de TI e seus relacionamentos – Gerencia os investimento de TI – Gerencia a comunicação das direções de TI – Gerencia os recursos humanos – Assegura o alinhamento de TI com os requerimentos externos – Avalia os riscos – Gerencia os projetos – Gerencia a qualidade

Aquisição e Implementação	Define as questões de implementação da TI conforme as diretivas estratégicas e de projeto pré-definidos no Plano Estratégico de Informática da empresa, também conhecido como PDI (Plano Diretor de Informática).	– Identifica as soluções de automação – Adquire e mantém os softwares – Adquire e mantém a infra-estrutura tecnológica – Desenvolve e mantém os procedimentos – Instala e certifica softwares – Gerencia as mudanças
Entrega e Suporte	Define as questões operacionais ligadas ao uso da TI para atendimento aos serviços para os clientes, manutenção e garantias ligadas a estes serviços. O momento destes domínios é após a ativação de um serviço e sua entrega ao cliente, que pode operar ou utilizar os serviços da empresa para operação terceirizada.	– Define e mantém os acordos de níveis de serviços (SLA) – Gerencia os serviços de terceiros – Gerencia a performance e capacidade do ambiente – Assegura a continuidade dos serviços – Assegura a segurança dos serviços – Identifica e aloca custos – Treina os usuários – Assiste e aconselha os usuários – Gerencia a configuração – Gerencia os problemas e incidentes – Gerencia os dados – Gerencia a infra-estrutura – Gerencia as operações
Monitoração	Define as questões de auditoria e acompanhamento dos serviços de TI, sob o ponto de vista de validação da eficiência dos processos e evolução dos mesmos em termos de desempenho e automação.	– Monitora os processos – Analisa a adequação dos controles internos – Provê auditorias independentes – Provê segurança independente

Portanto, as afirmações I e II são falsas e as afirmações III e IV são verdadeiras.

Resposta: c

86. (FJPF/UFRJ – Análise de Sistemas – CONAB – 2006) Em relação ao modelo SW-CMM, que trata da maturidade (capacitação em processos de software) nas organizações, das opções abaixo, aquela que corresponde ao nível em que a organização escolhe as rotinas e os processos são padronizados, é conhecida como nível:

a) 1 (inicial)

b) 2 (repetitivo)

c) 3 (definido)

d) 4 (gerido)

e) 5 (otimizante)

Solução:

De acordo com a solução da questão 78, no nível 3 (definido), tanto as atividades de gerenciamento quanto de engenharia do processo de desenvolvimento de software estão documentadas, padronizadas e integradas em um padrão de desenvolvimento da organização. Todos os projetos utilizam uma versão aprovada e adaptada do processo padrão de desenvolvimento de software da organização.

Resposta: c

87. (UnB/CESPE – Análise de Sistemas – TRE/MA – 2005) Acerca dos grupos de processos do PMBOK (*Project Management Body of Knowledge*), assinale a opção incorreta:

a) Os processos de concepção são usados para reconhecer que um produto ou fase deve começar e se comprometer para sua execução.

b) Os processos de planejamento são usados para planejar e manter um esquema de trabalho viável para se atingir aqueles objetivos do negócio que determinaram a existência do projeto.

c) Os processos de execução são usados para coordenar pessoas e outros recursos para realizar o projeto.

d) Os processos de encerramento são usados para formalizar a aceitação do projeto ou fase e fazer seu encerramento de forma organizada.

e) Os processos de negócio são usados para especificação e implementação dos negócios do projeto.

Solução:

De acordo com a solução da questão 81, os processos de gerência de projetos podem ser organizados em cinco grupos (Iniciação ou concepção, Planejamento, Execução, Controle e Encerramento), cada um deles contendo um ou mais processos. Processos de negócio não estão definidos no PMBOK.

Resposta: e

88. (UnB/CESPE – Análise de Sistemas – TRE/MA – 2005) A respeito dos níveis e das KPAs (*Key Process Areas*) relativos ao modelo CMM (*Capability Maturity Model*), assinale a opção incorreta:

a) No nível inicial, o processo de desenvolvimento é caracterizado como *adhoc* e pode ser até mesmo caótico.

b) No nível repetível, os processos básicos de gestão de projetos são estabelecidos para definir custos, prazos e funcionalidades.

c) No nível definido, os processos de gestão e engenharia são documentados, padronizados e integrados para as especificações da empresa. As KPAs são: foco no processo da empresa, definição do processo da empresa, programa de treinamento, gestão de *software* integrada, engenharia de produção de *software*, coordenação intergrupo e revisão de pares.

d) No nível gerenciado, as KPAs são: prevenção de erros, gestão de mudanças tecnológicas e de processos.

e) No nível otimização, melhorias contínuas de processos são viáveis por *feedback* quantitativo de processos e de gerenciamento de tecnologias e idéias inovadoras.

Solução:

• De acordo com a solução da questão 78, no nível gerenciado, as KPAs são: gerenciamento quantitativo do processo e gerenciamento de qualidade de *software*.

- Prevenção de erros, gestão de mudanças tecnológicas e de processos pertencem ao nível otimizado.

Resposta: d

89. (CESGRANRIO – A. Sist. Júnior: Suporte de Infra-Estrutura – Petrobras – 2005) Segundo o PMBOK, qual das opções abaixo apresenta somente entradas para o processo de Planejamento dos Recursos?

a) Estrutura Analítica do Projeto, Estimativa da Duração das Atividades e Declaração de Escopo.

b) Estrutura Analítica do Projeto, Estimativa da Duração das Atividades e Plano de Contas.

c) Plano de Contas, Requisitos de Recursos e Plano de Gerenciamento de Pessoal.

d) Requisitos de Recursos, Estimativa da Duração das Atividades e Plano de Gerenciamento de Pessoal.

e) Declaração de Escopo, Requisitos de Recursos e Plano de Gerenciamento de Pessoal.

Solução:

O planejamento dos recursos significa determinar quais recursos físicos (pessoas, equipamentos e materiais) são necessários, que quantidades de cada um devem ser usadas, e quando serão necessárias para a realização das atividades do projeto. A estrutura de entrada, ferramentas e saídas segue abaixo, segundo o PMBOK:

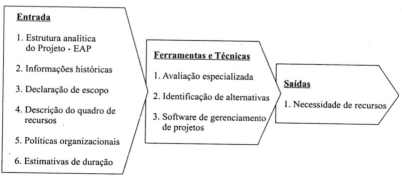

Resposta: a

90. (CESGRANRIO – Análise de Sistemas – Assembléia Legislativa do Tocantins – 2005) Com base no PMBOK, quais são os grupos de processo que geram entradas para o grupo de processo Planejamento?

a) Execução e Controle

b) Encerramento e Execução

c) Encerramento e Iniciação

d) Iniciação e Controle

e) Iniciação e Execução

Solução:

De acordo com a solução da questão 81, os processos que geram entradas para o grupo de processo *Planejamento* são *Iniciação* e *Controle*.

Resposta: d

91. (ESAF – AFC/Tecnologia da Informação – STN – 2005) Segundo o PMBOK, um projeto pode ser definido como:

a) um empreendimento "cíclico" ou continuado com o objetivo de criar produtos ou serviços "variados". O termo "cíclico" significa que cada projeto não tem nem começo nem fim definidos e o termo "variados" significa que os produtos ou serviços produzidos devem ser os mais diversificados possíveis, garantindo assim a característica de reaproveitamento de um projeto.

b) um empreendimento "cíclico" ou continuado com o objetivo de criar um produto ou serviço "único". O termo "cíclico" significa que cada projeto não tem nem começo nem fim definidos e o termo "único" significa que o produto ou serviço produzido é, de alguma forma, diferente de todos os outros produtos ou serviços semelhantes.

c) um empreendimento "temporário" com o objetivo de criar um produto ou serviço "único". O termo "temporário" significa que cada projeto tem um começo e um fim bem definidos e o termo "único" significa que o produto ou serviço produzido é, de alguma forma, diferente de todos os outros produtos ou serviços semelhantes.

d) um empreendimento "temporário" com o objetivo de criar produtos ou serviços "variados". O termo "temporário" significa que cada projeto tem um começo e um fim bem definidos e o termo "variados" significa que os produtos ou serviços produzidos devem ser os mais diversificados possíveis, garantindo assim a característica de reaproveitamento de um projeto.

e) um empreendimento tanto "cíclico" ou continuado quanto "temporário", com o objetivo de gerenciar o desenvolvimento de produtos que envolvem mão-de-obra especializada.

Solução:

Segundo o PMBOK, projetos são freqüentemente implementados como meios de realizar o plano estratégico da organização e pode ser definido em termos de suas características distintas – um empreendimento *temporário* com o objetivo de criar um produto ou serviço *único*. *Temporário* significa que cada projeto tem um começo e um fim bem definidos. *Único* significa que o produto ou serviço produzido é de alguma forma diferente de todos os outros produtos ou serviços semelhantes.

Resposta: c

92. (ESAF – AFC/Tecnologia da Informação – STN – 2005) Em relação às Áreas de Conhecimento e aos Processos da Gerência de Projetos definidos no PMBOK, é correto afirmar que o Desenvolvimento e a Execução do Plano do Projeto são definidos na:

a) Gerência do Tempo do Projeto.

b) Gerência da Integração do Projeto.

c) Gerência dos Recursos Humanos do Projeto.

d) Gerência da Qualidade do Projeto.

e) Gerência do Custo do Projeto.

Solução:

De acordo com a solução da questão 84, os processos Desenvolvimento e Execução do Plano do Projeto pertencem à Gerência da Integração.

Resposta: b

93. (ESAF – AFC/Tecnologia da Informação – STN – 2005) Segundo o PMBOK, entre as diversas responsabilidades da Gerência da Integração de Projeto, pode-se citar:

a) a Iniciação do Projeto.

b) o Controle Geral de Mudanças.

c) a Definição das Atividades.

d) a Montagem da Equipe.

e) o Planejamento Organizacional.

Solução:

De acordo com a solução da questão 84, o processo de Controle Geral de Mudanças é uma das responsabilidades da Gerência de integração do Projeto.

Resposta: b

94. (ESAF – AFC/Tecnologia da Informação – STN – 2005) O conhecimento sobre gerência de projetos pode ser organizado de muitas formas. Segundo as Áreas de Conhecimento e os Processos da Gerência de Projetos definidos no PMBOK, é correto afirmar que o seqüenciamento das Atividades é definido:

a) na Gerência do Tempo do Projeto.

b) nas Gerências da Integração e do Escopo do Projeto.

c) na Gerência da Integração do Projeto.

d) na Gerência do Escopo do Projeto.

e) nas Gerências de Tempo e do Escopo do Projeto.

Solução:

De acordo com a solução da questão 84, o seqüenciamento das atividades pertence à Gerência do Tempo do Projeto.

Resposta: a

Capítulo 6 – Planejamento e Gestão de Projetos | 111

95. (UnB/CESPE – Sistemas de Informação – PRODEST – 2006) Acerca de gerência de projetos, julgue o seguinte item:

1. O PMI-PMBOK propõe áreas com conhecimentos e práticas relacionadas ao gerenciamento de projetos. A área de gerenciamento da qualidade do projeto inclui os processos necessários para assegurar que o projeto satisfaça às necessidades para as quais foi criado. Nessa área, há os processos de planejamento da qualidade, de garantia de qualidade e de controle de qualidade.

Solução:

De acordo com a solução da questão 84, a Gerência da Qualidade descreve os processos necessários para assegurar que as necessidades que originaram o desenvolvimento do projeto sejam satisfeitas. Na área há os processos de: planejamento da qualidade, garantia da qualidade e controle da qualidade.

Resposta: certo

96. (UnB/CESPE – Desenvolvimento – TJPA – 2006) Considerando que o gerenciamento de projetos pode ser aplicado a projetos independentemente de suas dimensões, prazos e orçamentos, assinale a opção incorreta:

a) Gerenciamento de projetos é a aplicação de conhecimentos, habilidades, ferramentas e técnicas nas atividades do projeto a fim de atender os requisitos do projeto.

b) Conforme o PMBOK, pode-se reunir os processos de gerenciamento de projetos em quatro grupos: iniciação, planejamento, execução e controle.

c) Segundo o PMBOK, pode-se dividir as áreas de conhecimento de gerenciamento de projetos em: integração, escopo, tempo, custos, qualidade, recursos humanos, comunicação, riscos, e fornecimentos de bens e serviços.

d) Conforme direcionamento do modelo PMBOK, a equipe do projeto gerencia os trabalhos que, geralmente, envolvem: balanceamento de demandas conflitantes do escopo, tempo, custo, risco e qualidade do projeto; satisfação de diferentes interessados (*stakeholders*) com diferentes necessidades e expectativas; e alcance dos requisitos estabelecidos.

Solução:

De acordo com a solução da questão 81, os processos de gerência de projetos podem ser organizados em cinco grupos (Iniciação ou Concepção, Planejamento, Execução, Controle e Encerramento), cada um deles contendo um ou mais processos.

Resposta: b

97. (UnB/CESPE – Ambiente de Aplicações – DATAPREV – 2006) Acerca do conjunto de melhores práticas para governança propostas pelo COBIT, julgue os próximos itens:

    1. O modelo de maturidade é utilizado para avaliar os níveis de maturidade da aplicação do conjunto de melhores práticas de governança, os quais variam entre 1 e 5.

Solução:

O COBIT utiliza um modelo de maturidade que possui níveis variando de 0 a 5, descritos a seguir:

Nível	Descrição	Característica
0	Inexistente	O processo de gerenciamento não foi implantado.
1	Inicial	O processo é realizado sem organização, de modo não planejado.
2	Repetitivo	O processo é repetido de modo intuitivo, isto é, depende mais das pessoas do que de um método estabelecido.
3	Definido	O processo é realizado, documentado e comunicado na organização.
4	Gerenciado	Existem métricas de desempenho das atividades, o processo é monitorado e constantemente avaliado.
5	Otimizado	As melhores práticas de mercado e automação são utilizadas para a melhoria contínua dos processos.

Resposta: errado

2. O conjunto de melhores práticas do COBIT considera seis critérios de informação: eficiência, confidencialidade, integridade, disponibilidade, conformidade e confiabilidade.

Solução:

O conjunto de melhores práticas do COBIT considera sete critérios de informação:

Critério	A informação deve
Efetividade	Ser relevante e pertinente aos processos de negócios bem como ser entregue com temporalidade, corretude, consistência e usabilidade.
Eficiência	Ser provida com o uso de recursos da forma mais produtiva e econômica.
Confidencialidade	Ser protegida de acesso não autorizado.
Integridade	Ser precisa e completa, bem como sua validade deve estar em concordância com o conjunto de valores e expectativas do negócio.
Disponibilidade	Ser disponível quando requerida pelo processo de negócio agora e no futuro, e deste modo deve ser salvaguardada enquanto recurso.
Conformidade	Estar em conformidade com leis, regulamentos e arranjos contratuais aos quais os processos de negócios estão sujeitos.
Confiabilidade	Ser provida de forma apropriada, permitindo seu uso na operação da organização, na publicação de relatórios financeiros para seus usuários e órgãos fiscalizadores, conforme leis e regulamentos.

Resposta: errado

98. (UnB/CESPE – Implantação de Sistemas – DATAPREV – 2006) Projetos são freqüentemente implementados como um meio de executar um plano estratégico da organização. As organizações executam trabalho e o trabalho envolve projetos. Acerca das disciplinas que caracterizam a gerência de projetos, julgue os itens que se seguem:

1. Os objetivos do gerenciamento de riscos do projeto são diminuir a probabilidade e o impacto dos eventos positivos e adversos nos objetivos do projeto.

Solução:

De acordo com a solução da questão 84, o objetivo do gerenciamento de riscos é descrever os processos que dizem respeito à identificação, análise e resposta a riscos do projeto.

Resposta: errado

2. Os processos de gerenciamento de qualidade do projeto incluem, entre outros: plano de gerenciamento do projeto, orientação e gerenciamento da execução do projeto e monitoração e controle do trabalho do projeto.

Solução:

De acordo com a solução da questão 84, os processos associados ao gerenciamento de qualidade são: o planejamento da qualidade, a garantia da qualidade e o controle da qualidade.

Resposta: errado

3. O gerenciamento de aquisições do projeto inclui os processos para compra ou aquisição dos produtos, que são serviços necessários para garantir geração, coleta, distribuição, armazenamento, recuperação e destinação final das informações acerca do projeto, de forma oportuna e adequada.

Solução:

De acordo com a solução da questão 84, o gerenciamento de aquisições do projeto descreve os processos necessários para a aquisição de mercadorias e serviços fora da organização que desenvolve o projeto e é composto dos seguintes processos:

planejamento e preparação das aquisições, obtenção de propostas, seleção de fornecedores, administração e encerramento do contrato.

Resposta: errado

99. (ESAF – Analista de Sistemas – MP/ENAP – 2006) De acordo com o PMI, um projeto é um empreendimento temporário, cuja condução envolve processos que visam ao seu gerenciamento. O agrupamento desses processos caracteriza passos básicos como, por exemplo, o de Controle, que busca a garantia de que os objetivos são alcançados por meio:

a) de ações de mitigação quando da ocorrência de cada risco identificado.

b) do monitoramento e medição regular do progresso, identificando as variações no plano e tomando as ações corretivas conforme a necessidade.

c) da realização de ações de contingência no momento da identificação dos riscos para o projeto.

d) do constante aumento de recursos humanos e financeiros sempre que forem identificados desvios nos processos do projeto.

e) da prototipação e, quando necessário, da redução dos requisitos do projeto.

Solução:

De acordo com a solução da questão 81, o Controle assegura que os objetivos do projeto estão sendo atingidos, através do monitoramento regular do seu progresso de forma a identificar variações do plano e executar ações corretivas quando necessárias.

Resposta: b

100. (ESAF – Tecnologia da Informação – SUSEP – 2006) Entre os 34 processos que compõem os quatro domínios do COBIT, aquele responsável por prover auditorias independentes está presente:

a) apenas nos domínios de "Planejamento e Organização" e de "Aquisição e Implementação".

b) apenas nos domínios de "Planejamento e Organização" e de "Monitoramento".

c) apenas no domínio de "Entrega e Suporte".

d) apenas no domínio de "Monitoramento".

e) em todos os domínios.

Solução:

De acordo com a solução da questão 85, o domínio de Monitoramento é o único responsável por prover auditorias independentes.

Resposta: d

101. (ESAF – Tecnologia da Informação – SUSEP – 2006) Os domínios do COBIT cobrem um conjunto de processos de forma a completar a gestão de TI. Entre aqueles que cobrem o domínio "Planejamento e Organização (PO)" estão os processos que:

a) identificam as soluções de automação, gerenciam os recursos humanos e identificam e alocam custos.

b) gerenciam os investimentos de TI, a comunicação das direções de TI e os recursos humanos.

c) avaliam os riscos, asseguram a continuidade dos serviços e gerenciam as mudanças.

d) avaliam os riscos, garantem a segurança dos serviços e gerenciam a configuração.

e) identificam as soluções de automação, garantem a segurança dos serviços e gerenciam a configuração.

Solução:

De acordo com a solução da questão 85, os processos de *gerência dos investimentos de TI, gerência da comunicação das direções de TI e recursos humanos* estão associados ao domínio *Planejamento e Organização*.

Resposta: b

102. (CESGRANRIO – Análise de Sistemas – Assembléia Legislativa do Tocantins – 2005) Análises feitas pelo gerente de um projeto mostram que VP = 420, CR = 310 e VA = 370. Qual é o valor aproximado, respectivamente, dos índices IDP e IDC?

a) 0,74 e 0,88

b) 0,84 e 0,74

c) 0,88 e 1,19

d) 1,19 e 1,35

e) 1,35 e 1,14

Solução:

A análise de valor agregado, uma das alternativas de avaliação de desempenho de um projeto, é a responsável pelo acompanhamento financeiro de todo um projeto. Tem como objetivo detalhar os custos do projeto de forma a acompanhar com precisão as evoluções do seu custo. Ela possui alguns termos comuns:

• *Valor planejado* (VP) – custo orçado do trabalho agendado a ser terminado em uma atividade de um projeto até um determinado momento.

• *Valor agregado* (VA) – quantia orçada para o trabalho realmente terminado da atividade no cronograma de um projeto durante um determinado período de tempo.

• *Custo real* (CR) – custo total incorrido na realização do trabalho da atividade no cronograma de um projeto durante um determinado período de tempo.

Os valores de VP, VA e CR são utilizados em conjunto para fornecer medidas de desempenho que indicam se o trabalho está sendo realizado conforme planejado em algum momento determinado.

Existem ainda índices de eficiência que refletem o desempenho de custos e prazos:

• *Índice de desempenho de custos* (IDC = VA/CR), onde um valor menor que 1,0 indica um estouro nos custos estimados e um valor maior que 1,0 indica custos estimados não atingidos.

• *Índice de desempenho de prazos* (IDP = VA/VP) utilizado, em adição ao andamento do cronograma, para prever a data de término e às vezes, em conjunto com o IDC, para prever as estimativas de término de projeto.

Portanto, basta aplicar diretamente as fórmulas do IDC e IDP.

$$IDC = \frac{VA}{CR} = \frac{370}{310} \cong 1,19 \qquad IDP = \frac{VA}{VP} = \frac{370}{420} \cong 0,88$$

Resposta: c

Capítulo 7

Redes, Comunicação de Dados e Internet

103. (NCE/UFRJ – Analista de Sistemas – Eletrobrás – 2005) Em relação ao modelo OSI, podemos dizer que o protocolo IP se refere à camada de:

a) rede

b) sessão

c) aplicação

d) enlace

e) transporte

Solução:

O quadro abaixo apresenta a solução da questão.

Protocolos					Modelo OSI	Arquitetura TCP/IP	Dispositivos
HTTP	DNS	FTP	TELNET	SMTP	Outros ...	Aplicação / Apresentação / Sessão	Aplicação	Gateway de aplicação
TCP		UDP		Outros ...	Transporte	Transporte	Gateway de transporte
IP	ARP	ICMP	DHCP	Outros ...	Rede	Inter-rede	Roteador
PPP		ETHERNET		Outros ...	Enlace LLC/MAC	Interface de Rede	Ponte, switch
Meios físicos					Física	Física	Repetidor, hub, modem

Resposta: a

104. (NCE/UFRJ – Analista de Sistemas – BNDES – 2005) No modelo OSI da ISO, a subcamada LLC pertence à camada:

a) aplicação

b) apresentação

c) enlace

d) física

e) rede

Solução:

De acordo com a solução da questão 103, a subcamada LLC no modelo OSI pertence à camada de enlace.

Resposta: c

105. (CESGRANRIO – Tecnologia da Informação – EPE – 2006) Em qual camada da arquitetura TCP/IP atuam, respectivamente, os modems e as pontes?

a) Física e Interface de rede

b) Física e Transporte

c) Transporte e Aplicação

d) Transporte e Física

e) Transporte e Inter-rede

Solução:

De acordo com a solução da questão 103, os modems atuam na camada física e as pontes na interface de rede.

Resposta: a

106. (CESGRANRIO – Analista de redes e comunicação de dados – MP/Rondônia – 2005) No modelo de referência TCP/IP, os protocolos UDP e IP pertencem, respectivamente, às camadas:

a) aplicação e inter-rede

b) aplicação e transporte

c) inter-rede e aplicação

d) inter-rede e transporte

e) transporte e inter-rede

Solução:

De acordo com a solução da questão 103, o protocolo UDP pertence à camada de transporte e o IP à camada inter-rede.

Resposta: e

107. (FCC – Analista de Sistemas – TRE/MG – 2005) Na arquitetura OSI, a camada quatro, que é responsável pela transferência de dados entre dois pontos de forma transparente e confiável com funções como controle de fluxo e correção de erro fim a fim, é a de:

a) sessão

b) transporte

c) rede

d) enlace

e) aplicação

Solução:

De acordo com a solução da questão 103, o nome da camada quatro na arquitetura OSI denomina-se de transporte.

Resposta: b

108. (ESAF – AFRF/Tecnologia da Informação – SRF – 2005) O servidor de e-mail utiliza protocolos especiais para entregar e enviar mensagens aos usuários de correios eletrônicos. Com relação a esses protocolos, é correto afirmar que o protocolo utilizado pelo servidor para entregar uma mensagem recebida para seu destinatário é o:

a) SMTP

b) POP3

c) SNMP

d) WWW

e) FTP

Solução:

O correio eletrônico pode ser implementado por dois protocolos de aplicação: o *Simple Mail Transfer Protocol (SMTP)* e o *Post Office Protocol (POP3)*. O *SMTP* é utilizado para enviar mensagens de correio eletrônico do usuário, via um programa específico (por exemplo, o MS Exchange e o Eudora), para o servidor de e-mail e o *POP3* para recebê-las. Veja o funcionamento a seguir:

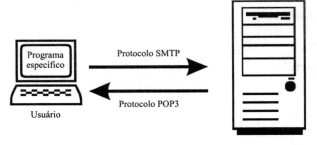

- O protocolo *SNMP (Simple Network Management Protocol)* é um protocolo padrão de gerenciamento de hosts, roteadores e redes às quais eles se conectam.

- A World Wide Web (*WWW*) é uma estrutura arquitetônica que permite o acesso a documentos vinculados espalhados por milhões de máquinas na Internet.

• O *FTP* (*File Transfer Protocol*) é um protocolo utilizado para transferir arquivos de uma máquina para outra.

Resposta: b

109. (CESGRANRIO – A. Sist. Jr. – TRANSPETRO – 2006) Em redes que utilizam o modelo RM-OSI, os repetidores e as pontes atuam, respectivamente, nas camadas:

a) Físico e Enlace

b) Física e Sessão

c) Rede e Enlace

d) Rede e Transporte

e) Transporte e Sessão

Solução:

De acordo com a solução da questão 103, no modelo OSI, os repetidores atuam na camada física e as pontes na camada de enlace.

Resposta: a

110. (FCC – Análise de Sistemas – TRT 24ª Região – 2006) A essência do *Frame Relay* é o fato de ser uma rede:

a) orientada a conexões com controle de erros e nenhum controle de fluxo.

b) orientada a conexões com controle de erros e com controle de fluxo.

c) não orientada a conexões e com controle de fluxo.

d) orientada a conexões sem controle de erros e nenhum controle de fluxo.

e) não orientada a conexões e sem controle de fluxo.

Solução:

A essência do *Frame Relay* é o fato de ser uma *rede orientada a conexões, sem controle de erros* e *nenhum controle de fluxo* e projetada para meios de transmissão altamente confiáveis. Por se tratar de uma rede orientada a conexões, os pacotes são entregues em ordem. Sua aplicação mais importante é a interconexão de LANs (redes locais) instaladas em vários escritórios de uma empresa. A informação é transmitida através de unidades básicas denominadas *frames* (quadros), que são uma seqüência de dados contendo elementos como o cabeçalho de identificação com o endereço de origem e destino, dados do usuário, além de outras informações relevantes para a transmissão.

Resposta: d

111. (FCC – Analista de Sistemas – TRE-MG – 2005) A tradução da representação interna dos dados de um computador para outro é realizada, na arquitetura de rede OSI, pelos protocolos da camada:

a) Rede

b) Aplicativo

c) Sessão

d) Transporte

e) Apresentação

Solução:

Veja o quadro abaixo para responder corretamente.

Modelo OSI	Descrição
Aplicação	Interface com as aplicações do computador e o usuário final.
Apresentação	Conversão dos dados de um sistema de codificação de um computador para outro, além da criptografia e compressão de dados.
Sessão	Autenticação e identificação do usuário no acesso à rede, controle de tráfego, sincronização e estabelecimento de sessões para realização de tarefas específicas (p. ex.: consulta SQL, transferência de arquivos).

Transporte	Integridade da transmissão desde a origem até o destino final (fim a fim) de forma transparente, controlando o fluxo, detectando e corrigindo os erros.
Rede	Encaminhamento e roteamento dos dados de acordo com o endereço de rede.
Enlace	Detecção e, opcionalmente, correção de erros ocorridos no meio físico, convertendo um canal de transmissão não-confiável em um canal de transmissão confiável para uso do nível de rede.
Físico	Especificações de hardware e do meio de comunicação utilizado (p. ex.: conectores, cabos).

Resposta: e

112. (UnB/CESPE – Analista de Sistemas – CEEE/RS – 2005) Acerca de alguns protocolos de roteamento, julgue os itens que se seguem:

1. O roteamento hierárquico opera fazendo com que cada roteador mantenha uma tabela que forneça a menor distância conhecida a cada destino e determina qual saída deve ser utilizada para se chegar lá. Essas tabelas são atualizadas por meio da troca de informações com os vizinhos.

Solução:

No roteamento hierárquico, os roteadores são divididos em regiões, onde cada roteador conhece todos os detalhes para rotear pacotes a destinos dentro de sua região, sem conhecer nada sobre a estrutura interna das outras. A vantagem é que ele acomoda um grande crescimento, pois um roteador não precisa saber muitos detalhes sobre destinos remotos, tendo como desvantagem a dificuldade de alterar uma hierarquia previamente estabelecida.

Resposta: errado

2. No roteamento de vetor de distância, os roteadores são divididos no que se chama regiões, com cada roteador conhecendo todos os detalhes sobre como rotear pacotes para destinos dentro de sua própria região, mas sem conhecer nada sobre a estrutura interna de outras regiões.

Solução:

No roteamento de vetor de distância, um nó nunca conhece um caminho completo entre a fonte e o destino. Em vez disso, ele possui uma tabela que fornece a menor distância conhecida a todos os vizinhos, diretamente ligados a ele, e determina qual saída deve ser utilizada para chegar até lá. Essas tabelas são atualizadas por meio da troca de informações com os vizinhos até que mais nenhuma informação precise ser trocada entre eles.

Resposta: errado

113. (FCC – Analista de Sistemas – MPE/PE – 2006) O dispositivo de rede denominado *switch* normalmente opera na camada OSI:

a) física

b) de rede

c) de aplicação

d) de transporte

e) de enlace de dados

Solução:

De acordo com a solução da questão 103, o *switch* normalmente atua na camada de enlace do modelo OSI.

Resposta: e

114. (NCE/UFRJ – Analista de Sistemas – Ministério da Integração Nacional – 2005) Com relação ao endereço IP 200.200.100.30/26, a máscara de rede utilizada é:

a) 255.255.255.0

b) 255.255.252.0

c) 255.255.255.192

d) 255.255.255.128

e) 255.255.0.0

Solução:

A *máscara de rede* é um valor de 32 bits, exatamente como um endereço IP, podendo ser expresso também na forma decimal. Uma alternativa para expressar a máscara de rede é:

a) informar a quantidade de bits 1 existentes, em seqüência, apresentado logo após o endereço IP no formato decimal, separado por uma barra (/) e

b) colocar 0 no restante dos bits até completar os 32 bits.

Desta forma, a representação 200.200.100.30/26 indica que temos uma máscara de rede com *26 bits*, em seqüência, iguais a *1* e *6 bits*, em seqüência, iguais a *0* (26 + 6 = 32 bits), divididos em blocos de 8 bits. O valor em decimal é apresentado a seguir:

Valor em decimal ⟶ 255 255 255 192
11111111 11111111 11111111 11 000000
26 bits 6 bits

Resposta: c

115. (FCC – Redes e/ou Banco de Dados – TRE/SP – 2006) No modelo de referência OSI para redes de computadores, a função de transformar um canal de transmissão bruto em uma linha que pareça livre de erros de transmissão não detectados para a camada de rede é da camada:

a) de transporte

b) física

c) de sessão

d) de enlace de dados

e) de aplicação

Solução:

De acordo com a solução da questão 111, esta função é exercida pela camada de enlace de dados.

Resposta: d

116. (ESAF – AFC/Tecnologia da Informação – STN – 2005) Em um ambiente de rede de computadores, de acordo com o modelo OSI, é correto afirmar que:

a) a Camada de Rede é a responsável pela transmissão de um fluxo não estruturado de bits, representa o hardware de uma rede, como por exemplo, conectores, cabos, repetidores e roteadores.

b) a Camada de Apresentação é a camada do usuário final. É a interface do usuário com a rede, localizando-se entre o usuário e a Camada de Aplicações.

c) a Camada de Enlace de Dados é dividida em duas subcamadas: a subcamada inferior de controle de acesso ao meio (MAC) e a subcamada superior de controle de enlace lógico (LLC). A subcamada MAC lida com problemas relacionados a conflitos de acesso ao meio, isto é, colisões.

d) a Camada de Sessão é a fronteira entre o usuário e a rede de comunicação. Localiza-se entre as camadas de Enlace de Dados e a de Rede.

e) a Camada de Transporte proporciona a estrutura de controle para que as aplicações possam estabelecer, gerenciar e terminar sessões de comunicação, como por exemplo, as utilizadas para a transferência de arquivos entre duas estações.

Solução:

- De acordo com a solução da questão 111, temos:

a) A *camada de rede* é responsável pelo encaminhamento e roteamento dos dados de acordo com o endereço de rede; portanto, a opção *a* é falsa.

b) A *camada de apresentação* é responsável pela conversão dos dados de um sistema de codificação de um computador para outro, além da criptografia e compressão de dados; portanto, a opção *b* é falsa.

c) A *camada de sessão* é responsável pela autenticação e identificação do usuário no acesso à rede, controle de tráfego, sincronização e estabelecimento de sessões para realização de tarefas específicas; portanto, a opção *d* é falsa.

d) A *camada de transporte* é responsável pela integridade da transmissão desde a origem até o destino final de forma transparente, controlando o fluxo, detectando e corrigindo os erros; portanto, a opção *e* é falsa.

- De acordo com a solução da questão 103, a camada de enlace é dividida em duas subcamadas LLC e MAC, onde a subcamada MAC lida com problemas relacionados a conflitos de acesso ao meio.

Resposta: c

117. (FCC – Redes e/ou Banco de Dados – TRE/SP – 2006) Considerando-se o modelo TCP/IP inicial:

a) o protocolo TCP pertence à mesma camada do protocolo IP e o protocolo UDP pertence à mesma camada do protocolo ICMP.

b) tanto o protocolo TCP quanto o UDP pertencem à camada imediatamente abaixo da camada a que pertence o DNS.

c) o protocolo UDP pertence à mesma camada do protocolo DNS e o protocolo TCP pertence à mesma camada do protocolo IP.

d) tanto o protocolo TCP quanto o UDP pertencem à camada imediatamente acima da camada a que pertence o DNS.

e) o protocolo UDP pertence à mesma camada do protocolo DHCP e o protocolo TCP pertence à mesma camada do protocolo DNS.

Solução:

De acordo com a solução da questão 103, a opção correta é a letra *b*.

Resposta: b

118. (NCE/UFRJ – Analista de Sistemas – SEAD/MT – 2006) No modelo OSI, a camada responsável pelo controle de fluxo, detecção e correção de erros é a camada de:

a) aplicação

b) apresentação

c) enlace

d) sessão

e) transporte

Solução:

De acordo com a solução da questão 111, a camada de transporte é a responsável pelo controle de fluxo, detecção e correção de erros.

Resposta: e

119. (FCC – Redes e/ou Banco de Dados – TRE/SP – 2006) No modelo de referência OSI para redes de computadores, entre as camadas de Rede e de Sessão está a camada:

a) de transporte

b) de aplicação

c) de enlace de dados

d) física

e) de apresentação

Solução:

De acordo com a solução da questão 103, a camada de transporte situa-se entre as camadas de rede e sessão no modelo OSI.

Resposta: a

120. (UnB/CESPE – Desenvolvimento de Sistemas – DATAPREV – 2006) Com relação aos conceitos de comunicação de dados e do modelo OSI, julgue o item subseqüente:

1. Um aspecto fundamental de uma rede é determinar como os pacotes são roteados da fonte até o destino. De acordo com o modelo OSI, o roteamento dos pacotes é tratado na camada de enlace.

Solução:

De acordo com a solução da questão 111, a camada de *rede* é a responsável pelo roteamento dos pacotes. A camada de *enlace* transforma um canal de comunicação bruto em uma linha que pareça livre de erros de transmissão não detectados para a camada de rede, regulando o fluxo de transmissão entre dispositivos com diferentes velocidades de envio e recepção.

Resposta: errado

121. (FCC – Redes e/ou Banco de Dados – TRE/SP – 2006) O dispositivo de rede denominado *gateway* normalmente opera nas camadas OSI de:

a) aplicação e de rede

b) transporte e de rede

c) rede e de enlace de dados

d) enlace de dados e física

e) aplicação e de transporte

Solução:

De acordo com a solução da questão 103, a opção correta é a letra *e*.

Resposta: e

122. (UnB/CESPE – Desenvolvimento de Sistemas – DATAPREV – 2006) Com relação aos conceitos básicos de redes de computadores, julgue o item que se segue:

1. Uma transmissão de informações é dita orientada a conexão quando se estabelece um caminho entre a fonte e o destino e toda a informação é enviada por meio desse caminho, ordenadamente. O caminho é desfeito depois que a transmissão for completada.

Solução:

Em um serviço orientado à conexão, primeiro o usuário do serviço estabelece uma conexão, utiliza a conexão e depois a libera. O aspecto essencial é que este serviço funciona como um tubo: o transmissor empurra os objetos (bits) em uma extremidade, e esses objetos são recebidos pelo receptor na outra extremidade. Na maioria dos casos, a ordem é preservada, de forma que os bits chegam na seqüência em que foram enviados.

Resposta: certo

123. (UnB/CESPE – Análise de Sistemas – MPE/TO – 2006) Considere que, no processo de informatização de uma empresa, tanto na matriz quanto nas filiais, serão implantadas redes locais de computadores (LAN) padrão *ethernet*, bem como será formada uma rede de longa distância (WAN), interligando a matriz e as filiais. Acerca do emprego de computadores em rede na situação apresentada, julgue os itens seguintes:

1. Os *hubs* e os *switches* são equipamentos aptos a realizar as funções específicas da camada de rede.

Solução:

De acordo com a solução da questão 103, os *hubs* atuam na camada física, não reconhecendo quadros, pacotes ou cabeçalhos, reconhecendo apenas *volts*. Os *switches* atuam na camada de enlace, baseando o roteamento em endereços de quadro e são mais freqüentemente utilizados para conectar computadores individuais. Os *roteadores* realizam as funções específicas da camada de rede.

Resposta: errado

Capítulo 7 – Redes, Comunicação de Dados e Internet | 133

2. Para a WAN, algumas opções podem ser consideradas em termos de protocolos, tais como X.25 e *Frame Relay*. Uma das diferenças básicas entre essas tecnologias é que esta última foi projetada para meios de transmissão altamente confiáveis, enquanto a primeira, projetada para operar com enlaces sujeitos a interferências e diferentes tipos de ruídos, inclui em seus quadros informações de verificação de erros.

Solução:

De acordo com a solução da questão 110, a rede *Frame Relay*, foi projetada para meios de transmissão altamente confiáveis. A rede *X.25* foi desenvolvida na década de 70 e foi a primeira rede pública de dados orientada a conexões, em uma época em que o serviço de telefonia era monopólio em todos os lugares. Para usar a X.25, um computador estabelecia uma conexão com um computador remoto, através de uma chamada telefônica. Ela foi projetada para operar com enlaces sujeitos a interferências e ruídos, incluindo nos quadros informações de verificação de erros.

Resposta: certo

3. Na Internet, são utilizados, na camada de transporte, os protocolos TCP (*Transmission Control Protocol*) e IP (*Internet Protocol*), enquanto na camada de rede pode ser usado o protocolo UDP (*User Datagram Protocol*) no protocolo TCP/IP.

Solução:

De acordo com a solução da questão 103, camada de transporte utiliza os protocolos TCP e UDP, ao passo que o protocolo IP está associado à camada inter-rede na arquitetura TCP/IP.

Resposta: errado

124. (FCC – Redes e/ou Banco de Dados – TRE/SP – 2006) Por ser uma rede orientada a conexões, na *Frame Relay* os pacotes, quando entregues, são:

a) entregues fora de ordem

b) subdivididos em células

c) entregues em ordem

d) decompostos em estruturas de árvores

e) mesclados com os diagramas

Solução:

De acordo com a solução da questão 110, na rede do tipo *Frame Relay*, os pacotes são entregues em ordem.

Resposta: c

Capítulo 8

Sistema Operacional

125. (CESGRANRIO – A. Sist. Pleno – TRANSPETRO – 2006) O sistema operacional gerencia os espaços no disco, através de técnicas que associam os blocos de dados aos arquivos. Dentre os vários métodos existentes, o de alocação encadeada:

a) permite o acesso direto aos blocos do arquivo, não utilizando as informações de controle nos blocos, porém mantém os ponteiros de todos os blocos do arquivo em uma única estrutura denominada índice.

b) consiste em associar a cada arquivo uma pequena tabela denominada *nó-i*, que lista os atributos e os endereços em disco dos blocos de dados do arquivo.

c) consiste em manter o espaço em disco alocado ao arquivo com uma lista de blocos ligada logicamente, independente de sua localização física, sendo que cada bloco deve possuir um ponteiro para o bloco seguinte do arquivo e assim sucessivamente.

d) consiste em enxergar o disco como um grande vetor, onde os elementos podem ser considerados segmentos com tamanhos diferentes de blocos contíguos.

e) é o método mais simples de todos os esquemas de alocação, no qual o arquivo é armazenado no disco como um bloco contínuo de dados.

Solução:

Na alocação encadeada, um arquivo pode ser organizado como um conjunto de blocos ligados logicamente no disco, independente da sua localização física. Cada bloco deve possuir um ponteiro para o bloco seguinte do arquivo e assim sucessivamente.

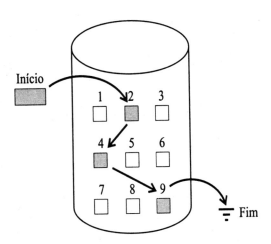

A desvantagem desta técnica é que ela só permite que se realize acesso seqüencial aos blocos dos arquivos, não possibilitando o acesso direto aos mesmos. A vantagem da alocação encadeada está em permitir que qualquer bloco físico possa ser alocado a qualquer arquivo. Basta fazer com que o último bloco aponte para o novo último bloco e que o novo último bloco indique o final do arquivo.

Resposta: c

126. (CESGRANRIO – Tecnologia da Informação Mineral – DNPM – 2006) Relacione os níveis de RAID com a sua respectiva intenção.

Padrão

I. RAID nível 0

II. RAID nível 2

III. RAID nível 6

Intenção

(P) Aplica o esquema de redundância P + Q usando os códigos Reed-Solomon para proteção contra até duas falhas de discos por meio do uso de apenas dois discos redundantes.

(Q) Usa a redundância *memory-style* por meio do uso de Códigos Hamming, os quais contêm bits de paridade para distintos subconjuntos de componentes sobrepostos.

A relação correta é:

a) I – P, II – Q

b) I – P, III – Q

c) II – P, I – Q

d) II – P, III – Q

e) II – Q, III – P

Solução:

• No final da década de 1980, foi desenvolvido um conjunto de técnicas de gerenciamento de discos, objetivando otimizar as operações de E/S e implementar redundância e proteção de dados, conhecidas como *RAID* (*Redundant Arrays of Inexpensive Disk*).

• O conceito de *stripping* de dados representa a distribuição de dados de maneira transparente por múltiplos discos para fazê-los parecer como se fossem um único disco grande e rápido. Na figura a seguir, por exemplo, o arquivo Arq é separado (*stripped*) em três discos (Arq0, Arq1, Arq2).

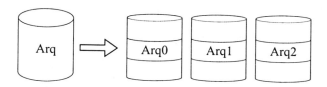

• A técnica RAID *nível 0*, também conhecida como *stripping*, consiste na implementação do chamado disk stripping, que é distribuir as operações de E/S entre os diversos discos físicos contidos no array com o intuito de otimizar o desempenho. Como os dados são divididos entre os diversos discos, as operações de E/S podem ser processadas paralelamente. Não existe nenhum mecanismo para o controle ou correção de erros, como paridade, por exemplo.

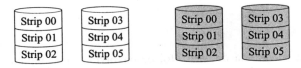

• A técnica RAID *nível 1*, também conhecida como *espelhamento* ou *mirroring*, consiste em replicar todo o conteúdo do disco principal, chamado primário, em um ou mais discos denominados espelhos ou secundários. A redundância oferecida por essa técnica garante que, no caso de falha no disco principal, os discos espelhos sejam utilizados de forma transparente pelo sistema de arquivos.

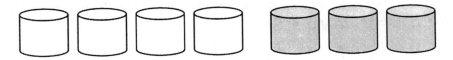

• O RAID *nível 2* usa a redundância *memory-style* (estilo memória) por meio do uso de códigos Hamming, os quais contém bits de paridade para distintos subconjuntos de componentes sobrepostos. Desta forma, por exemplo, numa versão deste nível, três discos redundantes bastam para aplicar a redundância a quatro discos originais.

• O RAID *nível 4* funciona com três ou mais discos iguais. Um dos discos guarda a paridade da informação contida nos demais discos. Se algum dos discos falhar, a paridade pode ser utilizada para recuperar o seu conteúdo.

• No RAID *nível 5* as informações de paridade são gravadas e distribuídas dentro dos próprios discos envolvidos, isto é, não existe a necessidade de um disco rígido extra para este fim.

• O RAID *nível 6* usa o esquema de redundância P + Q usando códigos Reed-Solomon, uma alternativa eficiente de tratamento de falhas múltiplas, para proteção contra até duas falhas de discos por meio do uso de apenas dois discos redundantes.

Portanto, a resposta correta é a opção *e*.

Resposta: e

127. (CESGRANRIO – A. Sist. Pleno – TRANSPETRO – 2006) Um sistema operacional é formado por um conjunto de rotinas que oferecem serviços aos usuários, às suas aplicações e também ao próprio sistema. Esse conjunto de rotinas é denominado núcleo do sistema operacional ou *kernel*. A estrutura do sistema operacional, ou seja, a maneira como o código do sistema é organizado, pode variar conforme a concepção do projeto. A arquitetura monolítica pode ser definida como um programa:

a) composto por vários módulos que são compilados separadamente e depois linkados, formando um único programa executável.

b) composto por vários níveis sobrepostos, onde cada camada fornece um conjunto de funções que podem ser utilizadas apenas pelas camadas superiores.

c) composto por várias camadas, onde cada camada isola as funções do sistema operacional, facilitando sua manutenção e depuração, além de criar uma hierarquia de níveis de modos de acesso, protegendo as camadas mais internas.

d) formado por vários níveis, sendo que a camada de nível mais baixo é o hardware, e cada um dos níveis acima cria uma máquina virtual independente, em que cada uma oferece uma cópia virtual do hardware.

e) cujo núcleo do sistema é o menor e o mais simples possível e, neste caso, os servidores do sistema são responsáveis por oferecer um conjunto específico de funções, como gerência de arquivos, por exemplo.

Solução:

A arquitetura monolítica pode ser comparada a um programa formado por vários módulos que são compilados separadamente e depois linkados, formando um único programa executável, onde os módulos podem interagir livremente. Esta arquitetura foi adotada no projeto do MS-DOS e a maioria dos sistemas operacionais UNIX possui um *núcleo monolítico*, onde todos os componentes do sistema operacional fazem parte de um código único.

Resposta: a

128. (UnB/CESPE – Analista Gerencial 1: Informática – CENSIPAN – 2006) Acerca dos sistemas operacionais, julgue os próximos itens:

1. Nas técnicas de gerência de memória, a segmentação divide a memória em blocos com tamanhos iguais e está sujeita à fragmentação interna; a paginação divide a memória em blocos com diferentes tamanhos e está sujeita à fragmentação externa; a segmentação paginada divide a memória em segmentos que por sua vez são divididos em páginas.

Solução:

- A *fragmentação interna* ocorre quando um programa, carregado na memória, é alocado em uma partição de memória *maior* que a necessária, resultando no desperdício de espaço daquela partição.

- A *fragmentação externa* ocorre quando o tamanho do programa, a ser carregado na memória, é *menor* que o espaço total *não-contíguo* de memória disponível, ou seja, este espaço total está dividido em pedaços menores diferentes, dispersos na memória principal e que individualmente não comportam o programa.

- A *segmentação* é uma técnica de gerência de memória onde o espaço de endereçamento virtual é dividido em blocos de tamanhos diferentes chamados *segmentos*. Esta técnica não apresenta fragmentação interna, visto que a quantidade exata de memória necessária é alocada para cada segmento. Entretanto, como áreas contíguas de diferentes tamanhos devem ser alocadas, existe a ocorrência de fragmentação externa.

- Na técnica de *paginação*, que visa proporcionar uma utilização mais eficiente da memória, o espaço de memória virtual e o espaço da memória física são divididos em blocos (páginas) de mesmo tamanho chamados *blocos*. Como esta técnica permite que um programa utilize áreas não contíguas de memória, não ocorre a fragmentação externa.

- A *segmentação paginada* é a técnica de gerência de memória onde o espaço de endereçamento é dividido em segmentos e, por sua vez, cada segmento dividido em páginas, objetivando oferecer as vantagens da *segmentação* e da *paginação*.

Resposta: errado

2. Um algoritmo de escalonamento para processadores pode ser preemptivo ou não; se for preemptivo, um processo usa o processador até terminar ou até solicitar uma operação que leve ao seu bloqueio; se for não preemptivo, o processo pode deixar de ser executado por outros motivos, por exemplo, quando um processo de maior prioridade fica pronto.

Solução:

• As políticas de escalonamento podem ser classificadas segundo a possibilidade do sistema operacional interromper um processo em execução e substituí-lo por um outro, atividade conhecida como *preempção*.

• No escalonamento *não-preemptivo*, quando um processo está em execução, nenhum evento externo pode ocasionar a perda do uso do processador. O processo somente sai do estado de execução caso termine seu processamento ou execute instruções do próprio código que ocasionem uma mudança para o estado de espera.

• O escalonamento *preemptivo* é caracterizado pela possibilidade do sistema operacional preterir, isto é, interromper um processo (conceituado como um programa em execução) e passá-lo para o estado de pronto, com o objetivo de alocar outro processo na UCP.

Resposta: errado

129. (ESAF – AFC/Tecnologia da Informação – CGU – 2006) Analise as seguintes afirmações relacionadas a sistemas de Tolerância a Falhas:

I. Em um espelhamento, os dois volumes envolvidos devem residir no mesmo disco rígido. Se um espelho se tornar indisponível, devido à falha do sistema operacional, pode-se usar o outro espelho para obter acesso aos dados.

II. No RAID 5 as informações de paridade são gravadas e distribuídas dentro dos próprios discos envolvidos, isto é, não existe a necessidade de um disco rígido extra para este fim.

III. O RAID 0, além de distribuir informações de paridade entre seus discos, usa um disco extra para armazenamento em redundância dessas informações de paridade.

IV. O RAID 4 funciona com três ou mais discos iguais. Um dos discos guarda a paridade da informação contida nos demais discos. Se algum dos discos falhar, a paridade pode ser utilizada para recuperar o seu conteúdo.

Indique a opção que contenha todas as afirmações verdadeiras:

a) I e II.

b) II e III.

c) III e IV.

d) I e III.

e) II e IV.

Solução:

De acordo como a solução da questão 126, as afirmações I e III são falsas e as afirmações II e IV são verdadeiras.

Resposta: e

130. (FJPF/UFRJ – Analista de Sistemas – DNIT – 2006) Em relação à gerência de memória, analise as seguintes sentenças:

I. Sistemas que implementam segmentação com paginação permitem a divisão lógica dos programas em página se, por sua vez, cada página é dividida fisicamente em segmentos.

II. *Thrashing* pode ser definido como sendo a excessiva transferência de páginas/segmentos entre a memória principal e a memória secundária.

III. Paginação é a técnica de gerência de memória na qual o espaço de endereçamento virtual e o espaço de endereçamento real são divididos em blocos de tamanhos variados denominados frames.

Das sentenças acima, pode-se afirmar que apenas:

a) I é verdadeira

b) II é verdadeira

c) III é verdadeira

d) I e II são verdadeiras

e) II e III são verdadeiras

Solução:

• De acordo com a solução do item 1 da questão 128, as sentenças I e III são falsas.

• *Thrashing* expressa a excessiva transferência de páginas/segmentos entre a memória principal e a memória secundária e está presente em sistemas que implementam tanto a paginação quanto a segmentação; portanto, a sentença II é verdadeira.

Resposta: b

131. (CESGRANRIO – A. Sist. Jr. – TRANSPETRO – 2006) O sistema operacional, através do gerenciador de memória, deve tentar manter na memória principal o maior número de processos residentes, permitindo maximizar o compartilhamento do processador e demais recursos computacionais. Mesmo na ausência de espaço livre, o sistema deve permitir que novos processos sejam aceitos e executados. A técnica de *swapping* foi introduzida para contornar o problema de insuficiência de memória principal, e consiste de:

a) dividir o programa em módulos, de forma que seja possível a execução independente de cada módulo, utilizando uma mesma área de memória.

b) dividir a memória principal em pedaços de tamanho fixo, chamados partições, onde o tamanho das partições é estabelecido na fase de inicialização do sistema.

c) dividir a memória em pedaços de tamanho variável, de modo que cada programa utilize apenas o espaço necessário para sua execução.

d) escolher um processo residente, a ser transferido da memória principal para a memória secundária *(swap out)*, sendo que, posteriormente, o processo é carregado de volta da memória secundária para a memória principal *(swap in)*.

e) desenvolver as aplicações de modo a não ultrapassar o espaço de endereçamento de memória disponível.

Solução:

Existem situações nas quais não é possível manter todos os processos simultaneamente na memória principal. Uma solução para essa situação é o mecanismo chamado de *swapping*. A gerência de memória reserva uma área de disco para o seu uso. Em determinadas situações, um processo é completamente copiado da memória principal para o disco. Sua execução é suspensa, e é dito que este processo sofreu um *swap-out*, e outro processo ocupará esta área na memória principal. Mais tarde, ele sofrerá um *swap-in*, ou seja, será copiado novamente para a memória principal e sua execução será retomada, caso exista espaço disponível na memória. O resultado desse revezamento no disco é que o sistema operacional consegue executar mais processos do que caberia em um único instante na memória principal.

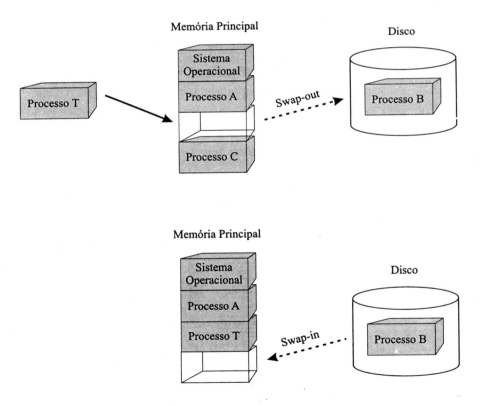

Resposta: d

Capítulo 8 – Sistema Operacional | 145

132. (CESGRANRIO – Análise de Sistemas – DECEA – 2006) No âmbito de sistemas operacionais, uma seção ou região crítica é a:

a) área da memória que contém dados compartilhados.
b) área do programa que é executada 80% do tempo.
c) área do sistema operacional que contém o código do loader.
d) parte do programa que acessa dados compartilhados.
e) parte da memória usada para operações criptográficas.

Solução:

Quando um determinado processo estiver acessando um determinado recurso, todos os demais processos que queiram acessá-lo deverão esperar pelo término da utilização do recurso. Essa idéia de exclusividade de acesso é chamada *exclusão mútua*. Esta exclusão mútua deve afetar apenas os processos concorrentes somente quando um deles estiver fazendo acesso ao recurso compartilhado. A parte do código do programa onde é feito o acesso ao recurso compartilhado é denominada *região* ou *seção crítica*.

Resposta: d

133. (UnB/CESPE – Análise de Sistemas – MPE/TO – 2006) Sistemas operacionais são programas, ou conjuntos de programas, que têm o objetivo de prover, da forma mais transparente possível, o acesso controlado aos recursos de um sistema computacional. Um dos seus fundamentos baseia-se no controle e na organização do uso desses recursos para se obter um sistema eficiente e seguro. Em relação aos sistemas operacionais, seus diversos tipos e características, julgue os itens a seguir:

1. A utilização de interrupções torna possível a implementação de mecanismos de controle de concorrência nos computadores, sendo um fundamento dos sistemas multiprogramáveis. Por meio desse mecanismo, o sistema operacional consegue organizar a execução sincronizada de várias de suas rotinas e dos programas dos usuários, bem como controlar alguns dispositivos.

Solução:

O mecanismo de *interrupção* é um recurso bastante comum existente em todos os processadores. Ele é baseado na geração de um sinal ao processador sempre que ocorre um determinado evento externo ao processador. Ao receber esse sinal, o processador pára momentaneamente o que está fazendo para executar uma rotina específica: o tratador de interrupção. O tratador de interrupção realiza as ações necessárias ao tratamento desse evento. Quando tiver terminada sua execução, o processamento retorna à rotina interrompida sem que ela perceba essa interrupção. Este mecanismo tornou possível a implementação da concorrência nos computadores, sendo o fundamento básico dos sistemas multiprogramáveis. É em função desse mecanismo que o sistema operacional sincroniza a execução de todas as suas rotinas e dos programas dos usuários, além de controlar diversos dispositivos.

Resposta: certo

2. Uma das diferenças fundamentais entre uma exceção e uma interrupção é o fato de a primeira ser causada por um evento assíncrono, enquanto a segunda é gerada por um evento síncrono.

Solução:

- Uma *exceção* é semelhante a uma interrupção, sendo a principal diferença o motivo pelo qual o evento é gerado. As *interrupções* são decorrentes de *eventos assíncronos*, ou seja, não relacionados à instrução do programa corrente. Esses eventos, por serem imprevisíveis, podem ocorrer múltiplas vezes, como no caso de diversos dispositivos de entrada/saída informarem ao processador que estão prontos para receber ou transmitir dados.

- Uma *exceção* é gerada por *eventos síncronos*, isto é, resultado direto da execução de uma instrução do próprio programa. Tais eventos são previsíveis e, por definição, só pode ocorrer um único de cada vez, como por exemplo: a divisão de um número por zero ou a ocorrência de overflow em uma operação aritmética. Se um programa que causa esse tipo de evento for reexecutado, com a mesma entrada de dados, a exceção ocorrerá sempre na mesma instrução.

Resposta: errado

3. O gerenciamento de memória é uma das principais funcionalidades de um sistema operacional. Nesse contexto, a paginação é uma técnica que visa proporcionar uma utilização mais eficiente da memória, sendo comum, nessa técnica, dividirem-se os dados em páginas que ocupam espaços da memória física e de memória virtual. O controle de quais páginas ficarão na memória física e quais ficarão na memória virtual é realizado por algoritmos de paginação como o FIFO (*First In First Out*), NRU (*Not Recently Used*) e o LRU (*Least Recently Used*).

Solução:

De acordo com a solução do item 1 da questão 128, a *paginação* é uma técnica que visa proporcionar uma utilização mais eficiente da memória, dividindo os dados entre a memória virtual e física, e utiliza diversos algoritmos, tais como:

a) *FIFO*, onde a página que primeiro foi utilizada será a primeira a ser escolhida, ou seja, o algoritmo seleciona a página que está há mais tempo na memória principal para ser substituída.

b) *NRU*, cujo critério é selecionar a página na memória que está há mais tempo sem ser referenciada, utilizando o conceito de *bit de referência*.

c) *LRU*, cujo critério é selecionar a página menos referenciada, ou seja, o algoritmo evita selecionar páginas que são bastante utilizadas.

Resposta: certo

4. Um sistema operacional que dispõe do recurso de preempção caracteriza-se pela possibilidade de um processo (conceituado como um programa em execução) poder ser preterido, no tocante à sua ordem de execução, em favor de outro processo.

Solução:

De acordo com a solução do item 1 da questão 128, o item está correto.

Resposta: certo

134. (UnB/CESPE – Desenvolvimento – TJPA – 2006) Em relação a sistemas operacionais, assinale a opção incorreta:

a) Entre as classes comuns de serviços que podem ser identificadas em um sistema operacional, incluem-se: execução de programas, operações de entrada e saída (E/S), manipulação do sistema de arquivos, comunicação, detecção de erros, alocação de recursos, registro (*accounting*) e proteção.

b) Os sistemas operacionais modernos normalmente são embasados em uma arquitetura formada por um *kernel* (núcleo) e por serviços. As funções providas pelo sistema operacional são estruturadas em duas categorias: serviços do sistema e *kernel*. A primeira categoria inclui funções de alto nível, como são vistas pelas aplicações, enquanto a segunda inclui funções essenciais, que são dependentes da arquitetura sob a qual o sistema operacional vai ser executado.

c) Um sistema distribuído é uma coleção de computadores independentes que são apresentados ao usuário como um único computador. As questões fundamentais de projeto desses sistemas incluem transparência, flexibilidade, confiabilidade, desempenho e escalabilidade.

d) Os sistemas operacionais podem ser classificados como centralizado, de rede e cooperativo autônomo.

Solução:

Os sistemas operacionais são classificados segundo o quadro a seguir:

Portanto, a opção incorreta é a letra *d*.

Capítulo 8 – Sistema Operacional | 149

Tipos de Sistemas Operacionais
- **Monoprogramáveis/monotarefa**: Permitem que o processador, a memória e os periféricos permaneçam exclusivamente dedicados à execução de um único programa.
- **Multiprogramáveis/multitarefa**: Gerencia o acesso concorrente aos seus diversos recursos, como memória, processador e periféricos, de forma ordenada e protegida, entre os diversos programas.
  - **Batch**: Não exige a interação do usuário com a aplicação.
  - **Time-sharing**: Diversos programas são executados a partir da divisão do tempo do processador em pequenos intervalos (fatias de tempo).
  - **Real-time**: O programa utiliza o processador o tempo que for necessário ou até que apareça outro mais prioritário.
- **Múltiplos processadores**: Possui duas ou mais UCPs interligadas e trabalhando em conjunto.
  - **Fortemente acoplado**: Apenas uma memória principal é compartilhada.
  - **Fracamente acoplado**: Cada sistema possui sua própria memória principal.

Resposta: d

Capítulo 9

UML

135. (NCE/UFRJ – Analista de Sistemas – Eletrobrás – 2005) Observe o Diagrama de Casos de Uso mostrado abaixo:

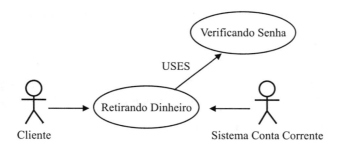

Analise as seguintes afirmativas:

I. O roteiro de "Verificando Senha" será inserido no roteiro de "Retirando Dinheiro".

II. O cliente e o Sistema Conta Corrente são atores de "Retirando Dinheiro".

III. O roteiro de "Verificando Senha" inicia ativando "Retirando Dinheiro".

A(s) afirmativa(s) correta(s) é/são somente:

a) I

b) II

c) I e II

d) II e III

e) I, II e III

Solução:

Esta representação (*USES*) indica um relacionamento de inclusão entre os casos de uso *Retirando Dinheiro* e *Verificando Senha*.

Isto indica que, em algum momento do roteiro do *Retirando Dinheiro*, será inserido o roteiro do *Verificando Senha*.

O caso de uso *Verificando Senha* não ativa nenhum roteiro de *Retirando Dinheiro*.

Os atores podem ser pessoas, organizações, outros sistemas e equipamentos.

Portanto, a afirmativa III é falsa e as afirmativas I e II são verdadeiras.

Resposta: c

136. (NCE/UFRJ – Analista de Sistemas – Eletrobrás – 2005) Observe as seguintes afirmativas sobre a forma de especificação de requisitos conhecida como Casos de Uso:

I. Um ator pode participar somente de um caso de uso e um caso de uso pode ter somente um ator.

II. O roteiro de um caso de uso não pode utilizar roteiros de outros casos de uso.

III. O roteiro de um caso de uso pode ser alterado por outro caso de uso.

A(s) afirmativa(s) correta(s) é/são somente:

a) I.

b) II.

c) III.

d) I e II.

e) II e III.

Solução:

Um ator pode participar de vários casos de uso e um caso de uso pode possuir mais de um ator, situações comuns de se encontrar; portanto, a afirmativa I é falsa. Um roteiro de um caso de uso pode utilizar roteiros de outros casos de uso através dos mecanismos de herança, extensão e inclusão, logo a afirmativa II é falsa. A afirmativa III está correta, pois é possível alterar o roteiro de um caso de uso através de outro caso de uso.

Resposta: c

137. (NCE/UFRJ – Analista de Sistemas – Eletrobrás – 2005) Observe o Diagrama de Classes mostrado abaixo:

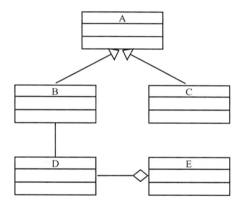

I. Analise as seguintes afirmativas: B é um subtipo de A.

II. B possui uma associação com D.

III. E é uma parte de D.

A(s) afirmativa(s) correta(s) é/são somente:

a) I.

b) II.

c) I e II.

d) II e III.

e) I, II e III.

Solução:

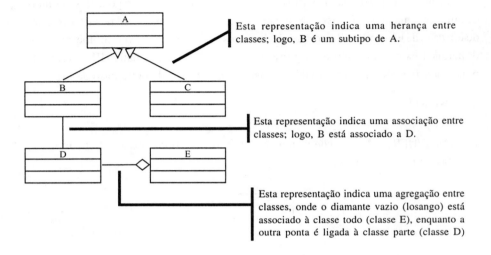

Portanto, a afirmativa III é falsa e as afirmativas I e II são verdadeiras.

Resposta: c

138. (NCE/UFRJ – Analista de Sistemas – Ministério da Integração Nacional – 2005) Considere as seguintes afirmativas sobre a especificação de requisitos de um sistema de informação:

I. Os requisitos são classificados em funcionais e não funcionais.

II. Casos de uso não são uma forma de especificação funcional.

III. Confiabilidade do sistema é um requisito não-funcional.

A(s) afirmativa(s) correta(s) é/são somente:

a) I.

b) II.

c) III.

d) I e III.

e) I, II e III.

Capítulo 9 – UML | 155

Solução:

• Os requisitos são classificados em:

a) *Funcionais* - que definem funcionalidades de um sistema, como por exemplo: permitir que o aluno consulte suas notas do semestre.

b) *Não-funcionais* - declaram as características de qualidade que um sistema deve possuir, relacionados às suas funcionalidades. Por exemplo: confiabilidade, desempenho, portabilidade, segurança e usabilidade.

• Um caso de uso define o uso de uma parte da funcionalidade de um sistema, sem revelar a estrutura e o comportamento interno desse sistema, portanto, define uma especificação funcional.

• Portanto, a afirmativa II é falsa e as afirmativas I e III são verdadeiras.

Resposta: d

139. (NCE/UFRJ – Analista de Sistemas – Ministério das Cidades – 2005) Considere as seguintes assertivas sobre o diagrama de caso de uso (DCU) da UML:

I. Um ator pode aparecer somente em um único DCU.

II. Um ator pode participar de vários casos de uso.

III. Um caso de uso pode estar relacionado a outro caso de uso.

As assertivas corretas são:

a) somente I.

b) somente II.

c) somente III.

d) somente II e III.

e) I, II e III.

Solução:

Um ator pode aparecer em mais de um DCU, logo a afirmação I é falsa e conseqüentemente, a afirmação II é verdadeira. Através de relações de herança, extensão (*extend*) e inclusão (*include*), um caso de uso pode relacionar-se com outros. Portanto, a assertiva I é falsa e as assertivas II e III são verdadeiras.

Resposta: d

140. (NCE/UFRJ – Analista de Tecnologia da Informação – SEF/AM – 2005) Considere as seguintes afirmativas sobre o diagrama de pacotes da UML:

I. Um pacote UML não pode conter outros pacotes.

II. Um pacote pode depender de outros pacotes.

III. O diagrama de pacotes é usado para ilustrar a arquitetura de um sistema.

É/são correta(s) somente a(s) afirmativa(s):

a) I.

b) II.

c) III.

d) II e III.

e) I, II e III.

Solução:

O diagrama de pacotes é um modelo que descreve como os elementos são organizados dentro de agrupamentos (pacotes) e suas dependências com outros pacotes. Um pacote pode ter qualquer diagrama da UML, porém são mais comuns em diagramas de casos de uso, para ajudar na abstração do domínio do problema, e no diagrama de classes, para ajudar na organização e arquitetura de distribuição das classes construídas para um determinado sistema. Portanto, a afirmativa I é falsa e as afirmativas II e III são verdadeiras.

Resposta: d

141. (ESAF – Tecnologia da Informação – CGU – 2006) Quanto ao uso de diagramas na UML para a modelagem de objetos é correto afirmar que o Diagrama de Seqüência:

a) descreve a funcionalidade do sistema percebida por atores externos.

b) apresenta a interação de seqüência de tempo dos objetos que participam na interação.

c) apresenta a interação de seqüência de atores que participam na interação.

d) descreve a funcionalidade do sistema percebida por atores internos.

e) apresenta a interação de seqüência estática de pacotes, relacionamentos e instâncias.

Solução:

O diagrama de seqüência descreve a seqüência de mensagens enviadas e recebidas pelos objetos que participam de um caso de uso, onde a ênfase está na ordem temporal das mensagens trocadas entre esses objetos.

Resposta: b

142. (NCE/UFRJ – Informática – DERTES – 2005) Observe as seguintes afirmativas sobre o diagrama de seqüência mostrado abaixo:

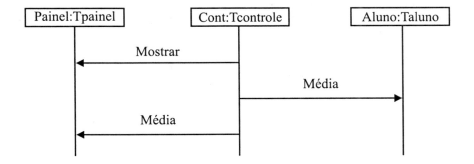

I. Cont é um objeto da classe Tcontrole.

II. Mostrar é um método do objeto Tcontrole.

III. O método Mostrar é ativado depois do método Média do objeto Aluno.

A(s) afirmativa(s) correta(s) é/são somente:

a) I.

b) II.

c) III.

d) I e II.

e) I, II e III.

Solução:

O nome antes dos *":"* representa o objeto e o nome depois dos *":"* representa a classe. Portanto, *Cont* é o *objeto* e *Tcontrole* é a *classe*

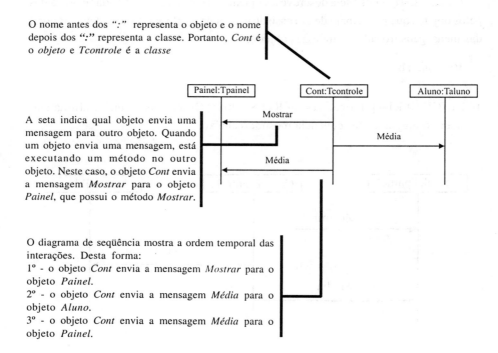

A seta indica qual objeto envia uma mensagem para outro objeto. Quando um objeto envia uma mensagem, está executando um método no outro objeto. Neste caso, o objeto *Cont* envia a mensagem *Mostrar* para o objeto *Painel*, que possui o método *Mostrar*.

O diagrama de seqüência mostra a ordem temporal das interações. Desta forma:
1º - o objeto *Cont* envia a mensagem *Mostrar* para o objeto *Painel*.
2º - o objeto *Cont* envia a mensagem *Média* para o objeto *Aluno*.
3º - o objeto *Cont* envia a mensagem *Média* para o objeto *Painel*.

Portanto, a afirmativa I é verdadeira e as afirmativas II e III são falsas.

Resposta: a

143. (NCE/UFRJ – Analista de Sistemas – INCRA – 2005) Observe o diagrama de classes mostrado na figura abaixo:

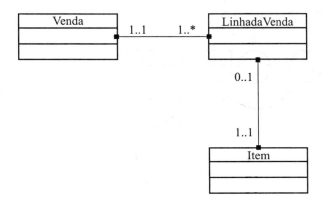

Analise as afirmativas a seguir:

I. Uma instância de Venda está associada a pelo menos uma instância de LinhadaVenda.

II. Uma instância de LinhadaVenda está associada a somente uma instância de Venda.

III. Uma instância de Item está associado a uma e somente uma instância de LinhadaVenda.

A(s) afirmativa(s) correta(s) é/são somente:

a) I.

b) II.

c) III.

d) I e II.

e) I, II e III.

Solução:

As cardinalidades das associações das instâncias são definidas nas extremidades opostas.

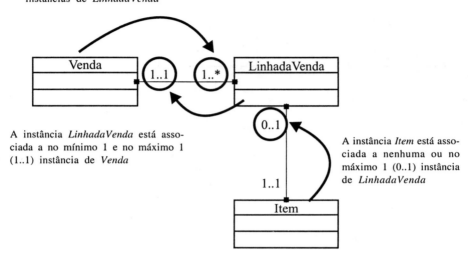

Portanto, a afirmativa III é falsa e as afirmativas I e II são verdadeiras.

Resposta: d

144. (ESAF – Tecnologia da Informação – CGU – 2006) Na UML o diagrama que mostra elementos de configuração de processamento *runtime* e os componentes de software, processos e objetos, que neles se mantêm, é denominado diagrama de:

a) Atividades

b) Casos de Uso

c) Implantação

d) Componentes

e) Estado

Solução:

• O diagrama de *Atividades* é um tipo especial de diagrama de estados em que são representados os estados de uma atividade, em vez dos estados de um objeto, e são orientados a fluxos de controle.

• O diagrama de *Caso de Uso* corresponde a uma visão externa do sistema e representa graficamente os atores, casos de uso e relacionamentos entre esses elementos.

• O diagrama de *Componentes* mostra os vários componentes de software de um sistema e suas dependências.

• O diagrama de *Estado* permite a análise das transições entre estados dos objetos de um sistema onde pode-se prever todas as possíveis operações realizadas, em função de eventos que possam ocorrer.

• A descrição da questão corresponde ao diagrama de *Implantação*.

Resposta: c

145. (NCE/UFRJ – Analista de Sistemas – INCRA – 2005) Observe o diagrama de classes na figura a seguir:

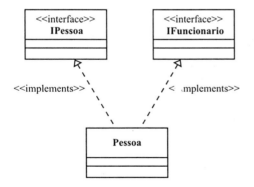

Pode-se concluir que:

a) a classe Pessoa herda a implementação dos métodos de IPessoa, mas não sua interface.

b) o diagrama está errado, visto que uma classe não pode implementar mais de uma interface.

c) a classe Pessoa não pode acrescentar novos métodos à interface herdada de Ipessoa.

d) a classe Pessoa herda a interface e a implementação dos métodos de IPessoa e Ifuncionário.

e) a classe Pessoa herda a interface de IPessoa e IFuncionario, mas nenhuma implementação de métodos é herdada.

Solução:

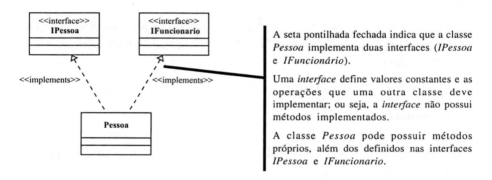

A seta pontilhada fechada indica que a classe *Pessoa* implementa duas interfaces (*IPessoa* e *IFuncionário*).

Uma *interface* define valores constantes e as operações que uma outra classe deve implementar; ou seja, a *interface* não possui métodos implementados.

A classe *Pessoa* pode possuir métodos próprios, além dos definidos nas interfaces *IPessoa* e *IFuncionario*.

Resposta: e

146. (ESAF – AFRF/Tecnologia da Informação – SRF – 2005) O modo para descrever os vários aspectos de modelagem pela UML é por meio do uso da notação definida pelos seus vários tipos de diagramas. Segundo as características desses diagramas, é correto afirmar que um diagrama de classe:

a) mostra a interação de um caso de uso organizada em torno de objetos e classes e seus vínculos mútuos, evidenciando a seqüência de mensagens.

b) denota a estrutura estática de um sistema.

c) descreve a funcionalidade do sistema.

d) descreve a interação de seqüência de tempo dos objetos e classes percebida por atores externos.

e) mostra as seqüências de estados que uma classe e objetos assumem em sua vida em resposta a estímulos recebidos, juntamente com suas respostas e ações.

Solução:

Um diagrama de classe é dito estático porque não apresenta informações sobre como os objetos do sistema interagem no decorrer do tempo, e representa as estruturas das classes dos objetos e as relações entre elas.

Resposta: b

147. (FCC – Analista de Sistemas – TRT 3ª Região – 2005) Analise o diagrama abaixo:

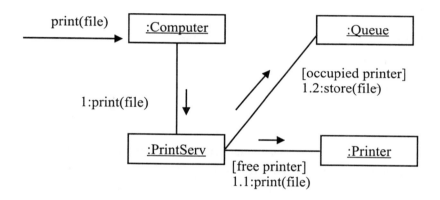

No âmbito da *Unified Modeling Language* – UML – esse é um diagrama de:

a) Seqüência

b) Atividade

c) Caso de Uso

d) Colaboração

e) Objeto

Solução:

Até a UML 1.5, este diagrama era denominado de *Colaboração*, entretanto, desde a versão 2.0 denomina-se diagrama de *Comunicação*. Este diagrama mostra o fluxo de mensagens entre instâncias de classes (objetos) utilizando a notação de objetos (objeto:<u>Classe</u>), onde a associação desses objetos é feita por linhas sólidas e a direção das mensagens é indicada por setas. As mensagens possuem o seguinte formato: identificador_sequencial:mensagem. Na figura, por exemplo, temos:*1:print(file)*.

Resposta: d

148. (FJPF/UFRJ – Analista de Sistemas – CONAB – 2006) Em relação à Notação UML, das opções abaixo, aquela que corresponde à notação estruturada conhecida como português estruturado é identificada como diagrama de:

   a) atividades

   b) classes

   c) estados

   d) casos de uso

   e) interação

Solução:

• o diagrama de *atividades* é um tipo especial de diagrama de estados, em que são representados os estados de uma atividade, em vez dos estados de um objeto, e são orientados a fluxos de controle.

• o diagrama de *classes* representa as classes identificadas com base nos casos de uso e as associações entre elas.

• o diagrama de *estado* permite a análise das transições entre estados dos objetos de um sistema onde pode-se prever todas as possíveis operações realizadas, em função de eventos que possam ocorrer.

• o diagrama de *interação* objetiva descrever, de maneira detalhada, a troca de mensagens que ocorre entre os objetos de um sistema como, por exemplo, o diagrama de *seqüência* e o diagrama de *comunicação*.

Resposta: d

149. (CESGRANRIO – Analista de Sistemas – SEAD/AM – 2005)
Diagrama I

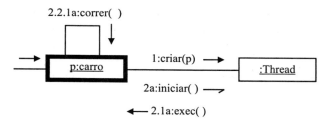

A meia-cabeça de flecha (→) apresentada no diagrama I indica que a mensagem:

a) contém parâmetros

b) é assíncrona

c) é síncrona

d) é apenas informativa

e) não contém parâmetros

Solução:

Há diversos tipos de mensagens definidas na UML, descritas a seguir:

Mensagem	Símbolo
simples: utilizada quando a natureza da mensagem não é relevante (maioria das vezes)	⟶
síncrona: indica que o objeto remetente fica bloqueado até que o objeto receptor termine de atender à requisição.	▶
assíncrona: indica que o objeto remetente não espera a resposta para prosseguir com seu processamento.	⇀
retorno: indica que o objeto receptor retorna uma resposta para o remetente.	← – – ·

Resposta: b

150. (UnB/CESPE – Desenvolvimento – CESAN/ES – 2005)

Texto I

Considere a necessidade de desenvolver um sistema de informações cujo objetivo é o monitoramento e a consolidação de dados, em tempo real, do volume de águas servidas (esgotos) coletado por cada uma das estações de tratamento de esgoto (ETE) do país.

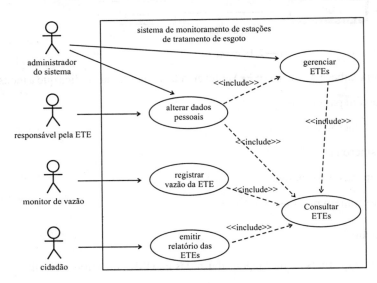

A figura acima apresenta um possível diagrama que descreve as relações entre as pessoas que participam do sistema de informações descrito no texto I. Considerando essa figura, julgue os 2 itens seguintes, acerca de engenharia de *software* e de análise de sistemas orientados a objetos.

1. O diagrama de colaboração mostrado foi construído utilizando-se a notação gráfica UML (*Unified Modeling Language*).

Solução:

A figura mostra um diagrama de caso de uso, representando a visão externa do sistema com seus atores, casos de uso e relacionamentos entre esses elementos. Um diagrama de colaboração (UML 1.5)/ comunicação (UML 2.0) mostra o fluxo de mensagens entre instâncias de classes (objetos), onde o eixo do tempo não é apresentado explicitamente.

Resposta: errado

2. As elipses indicadas no diagrama, de nomes "gerenciar ETEs", "alterar dados pessoas", "registrar vazão da ETE" e "emitir relatório das ETEs", são chamadas atividades, e representam os requisitos não-funcionais do sistema de monitoramento de ETEs.

Solução:

A solução da questão 138 apresenta a diferença entre requisitos funcionais e não-funcionais. As elipses representam casos de uso no diagrama de caso de uso, onde uma oração verbal curta indica os objetivos pretendidos. Cada caso de uso descreve uma funcionalidade de alto nível de um sistema ou representa um conjunto de funcionalidades esperadas por um ator.

Resposta: errado

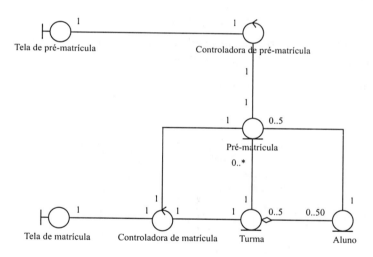

151. (UnB/CESPE – Analista Gerencial 1/Informática – CENSIPAM – 2006) Julgue o item subseqüente, considerando o diagrama acima construído com UML.

1. O diagrama contém estereótipos tipicamente usados para representar classes de fronteira (*boundary*), classes controladoras (*controller*) e entidades (*entity*); uma composição descreve o relacionamento entre "Turma" e "Aluno"; um "Aluno" pode não ter uma "Pré-matrícula"; a uma "Pré-matrícula" está associada uma "Turma" e um "Aluno" precisa estar em pelo menos uma "Turma".

Solução:

O estereótipo é um mecanismo utilizado para estender o significado de um determinado elemento de um diagrama, oferecendo a capacidade de representar um novo tipo de elemento de modelagem. Alguns estereótipos comuns para classes são: fronteira, controlador e entidade.

- O estereótipo para fronteira (*boundary*) possui o ícone ⊢◯ e é utilizado para modelar as interfaces do sistema, lidando com a comunicação entre o interior do sistema e um usuário (ator) ou outro sistema.

- O estereótipo para controlador (*controller*) possui o ícone ◯ e é responsável por controlar a lógica de execução correspondente a um caso de uso, além de ser uma ponte entre a classe fronteira e a classe entidade.

- O estereótipo para entidade (*entity*), representada pelo ícone ◯, é um repositório para alguma informação manipulada pelo sistema, refletindo uma entidade do mundo real ou necessária para realizar tarefas do sistema.

A figura a seguir mostra uma parte do diagrama da questão com as explicações sobre as cardinalidades.

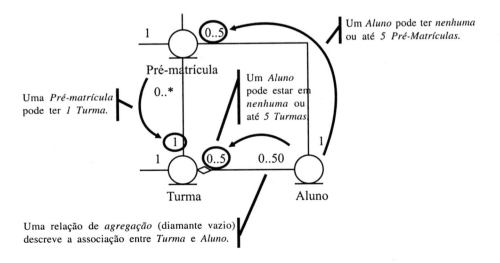

Resposta: errada

152. (CESGRANRIO – Análise de Sistemas – DECEA – 2006) Considere o seguinte diagrama de classes em UML.

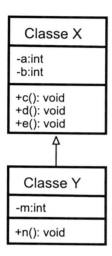

É correto afirmar que:

a) Y é uma especialização de X.

b) X herda todos os atributos de Y.

c) X contém atributos públicos.

d) X e Y têm uma relação de composição.

e) X e Y têm uma relação de agregação.

Solução:

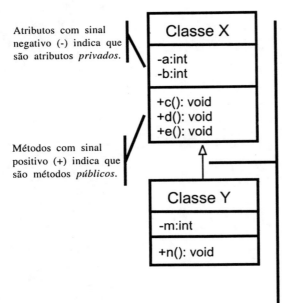

Atributos com sinal negativo (-) indica que são atributos *privados*.

Métodos com sinal positivo (+) indica que são métodos *públicos*.

Na estrutura de generalização/especialização, existe um elemento mais geral (pai) e um mais específico (filho) e resulta em uma relação de *herança*.

Na UML, duas classes interligadas por uma seta fechada mostram uma relação de *herança*. A seta deve, sempre, apontar para a classe que fornece a herança (classe X).

A classe que recebe a herança (classe Y) herda todos os atributos e operações da outra classe (classe X).

Na estrutura de composição/agregação, não existe herança e a representação gráfica utiliza um diamante vazio ◇— para *agregação* e um diamante cheio ◆— para *composição*.

Resposta: a

153. (UnB/CESPE – Analista Gerencial 1/Informática – CENSIPAM – 2006)

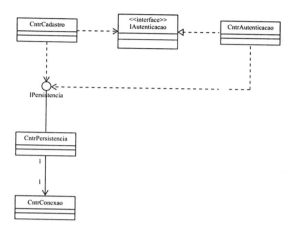

Julgue o item a seguir, com relação ao diagrama acima construído com UML:

1. A interface "IPersistencia" é implementada por "CntrPersistencia"; "CntrCadastro" e "CntrAutenticacao" dependem dos serviços na interface "IPersistencia"; a interface "IAutenticacao" é implementada por "CntrAutenticacao"; "CntrCadastro" depende dos serviços na interface "IAutenticacao".

Solução:

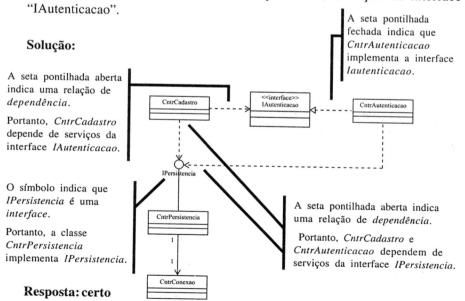

A seta pontilhada aberta indica uma relação de *dependência*.

Portanto, *CntrCadastro* depende de serviços da interface *IAutenticacao*.

O símbolo indica que *IPersistencia* é uma *interface*.

Portanto, a classe *CntrPersistencia* implementa *IPersistencia*.

A seta pontilhada fechada indica que *CntrAutenticacao* implementa a interface *Iautenticacao*.

A seta pontilhada aberta indica uma relação de *dependência*.

Portanto, *CntrCadastro* e *CntrAutenticacao* dependem de serviços da interface *IPersistencia*.

Resposta: certo

154. (CESGRANRIO – Análise de Sistemas - DECEA – 2006) Observe a seguinte figura:

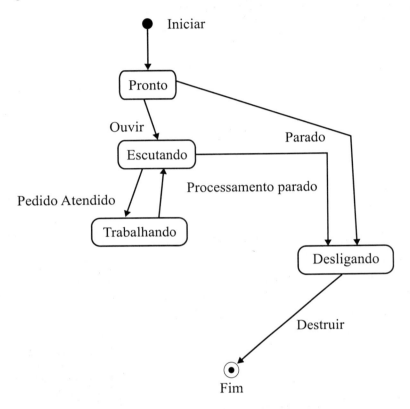

Essa figura representa, em UML, um diagrama de:

a) casos de uso

b) interação

c) implementação

d) estados

e) classes

Solução:

A figura representa um diagrama de *estado*, onde permite-se identificar as transições entre estados dos objetos de um sistema, prevendo-se todas as possíveis operações realizadas em função de eventos que possam ocorrer.

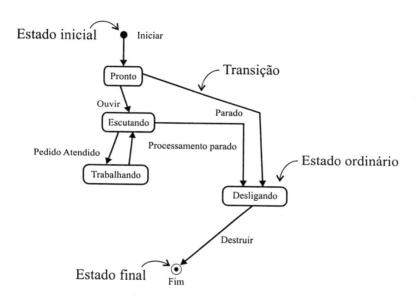

Resposta: d

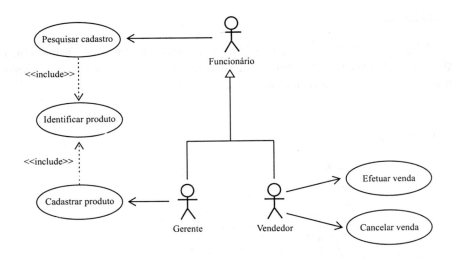

155. (UnB/CESPE – Desenvolvimento de Sistemas – DATAPREV – 2006) Julgue o item subseqüente considerando o diagrama de casos de uso acima ilustrado:

1. Os atores *Gerente* e *Vendedor* herdam o caso de uso *Pesquisar cadastro*. As ações descritas no caso de uso *Identificar produto* são comuns aos casos de uso *Pesquisar cadastro* e *Cadastrar produto*.

Solução:

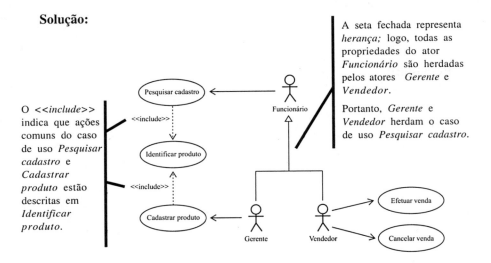

A seta fechada representa *herança;* logo, todas as propriedades do ator *Funcionário* são herdadas pelos atores *Gerente* e *Vendedor*.

Portanto, *Gerente* e *Vendedor* herdam o caso de uso *Pesquisar cadastro*.

O <<*include*>> indica que ações comuns do caso de uso *Pesquisar cadastro* e *Cadastrar produto* estão descritas em *Identificar produto*.

Resposta: certo

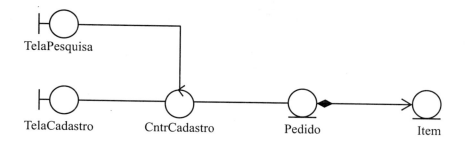

156. (UnB/CESPE – Desenvolvimento de Sistemas – DATAPREV – 2006) Julgue o item a seguir considerando o diagrama de classes acima:

1. As classes *TelaPesquisa* e *TelaCadastro* são fronteiras (*boundary*). A classe *CntrCadastro* é uma controladora (*controller*). As classes *Pedido* e *Item* são entidades (*entity*). O relacionamento entre *Pedido* e *Item* é uma composição.

Solução:

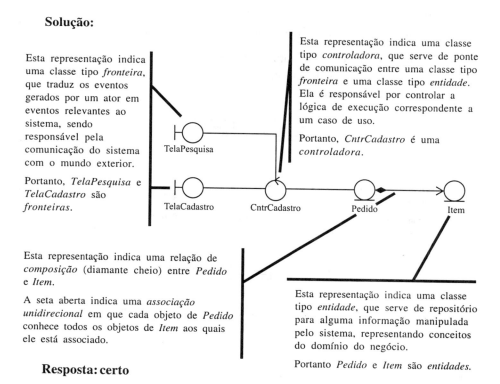

Esta representação indica uma classe tipo *fronteira*, que traduz os eventos gerados por um ator em eventos relevantes ao sistema, sendo responsável pela comunicação do sistema com o mundo exterior.

Portanto, *TelaPesquisa* e *TelaCadastro* são *fronteiras*.

Esta representação indica uma relação de *composição* (diamante cheio) entre *Pedido* e *Item*.

A seta aberta indica uma *associação unidirecional* em que cada objeto de *Pedido* conhece todos os objetos de *Item* aos quais ele está associado.

Esta representação indica uma classe tipo *controladora*, que serve de ponte de comunicação entre uma classe tipo *fronteira* e uma classe tipo *entidade*. Ela é responsável por controlar a lógica de execução correspondente a um caso de uso.

Portanto, *CntrCadastro* é uma *controladora*.

Esta representação indica uma classe tipo *entidade*, que serve de repositório para alguma informação manipulada pelo sistema, representando conceitos do domínio do negócio.

Portanto *Pedido* e *Item* são *entidades*.

Resposta: certo

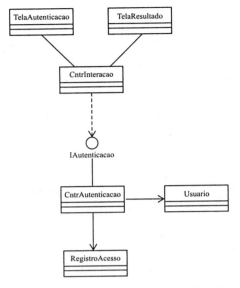

157. (UnB/CESPE – Desenvolvimento de Sistemas – DATAPREV – 2006) Considerando o diagrama de classes acima, julgue o item seguinte:

1. A classe *CntrInteracao* implementa a interface *IAutenticacao*. A classe *CntrAutenticacao* depende da interface *IAutenticacao*. O relacionamento entre *CntrAutenticacao* e *Usuario* é uma associação unidirecional.

Solução:

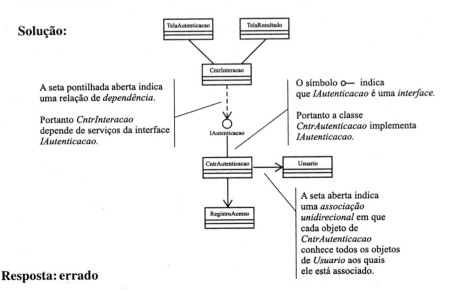

Resposta: errado

Dicionário de Informática

Autor: *Marco A. Lunardi*
120 páginas
ISBN: 85-7393-530-8

Seguindo a mesma linha dos livros anteriores, da série "Prático e Didático" o Dicionário de Informática foi elaborado seguindo a idéia de oferecer ao leitor uma coletânea dos termos mais usados no mundo da informática, de forma objetiva, simples e clara.

O Dicionário representa o resultado de mais de dois anos de pesquisas, tendo como fonte principal livros, revistas, jornais e sites na Internet. Eles não foram simplesmente "copiados e colados"; trata-se de uma criteriosa seleção dos termos mais interessantes, importantes e até mesmo diferentes.

Esta obra é destinada a todos os usuários da informática, desde um aluno até um administrador, independentemente do uso que faz deste ramo. Afinal, é sempre bom ter um dicionário por perto.

À venda nas melhores livrarias.

Impressão e acabamento
Gráfica da Editora Ciência Moderna Ltda.
Tel: (21) 2201-6662